Langue française & Expression 2de

Sous la direction de **Xavier Damas**

Liliane Bigot
Agrégée de lettres modernes
Lycée Camille Claudel, Troyes (10)

Xavier Damas
Agrégé de lettres modernes
Lycée Albert Schweitzer, Le Raincy (93)

Gaëlle Louvet
Agrégée de lettres modernes
Lycée Émilie du Châtelet, Serris (77)

Élodie Macler
Agrégée de lettres classiques
Lycée Albert Schweitzer, Le Raincy (93)

© Éditions Hatier, Paris, avril 2019 – ISBN : 978-2-401-05479-0

Hatier

Sommaire

Dernière minute

À l'heure où nous imprimons ce spécimen, la nature des nouvelles EAF n'a pas fait l'objet d'une parution au BO. Les exemplaires élèves imprimés durant l'été seront conformes aux textes officiels définitifs.

Nouvelles EAF
Textes officiels et actualisation
hatier-clic.fr/lfe201

Édition : Christophe François
Correction : Alice Coutant
Conception graphique et mise en pages : Laurent Romano
Cartes mentales : Emmanuelle Noël
Iconographie : Hatier Illustration

1 Choisir le bon registre de langue

Découvrir

1

Elle avait les yeux bleus. Elle agita la tête pour repousser en arrière ses cheveux frisés et brillants, et appliqua, d'un geste ferme et déterminé, sa tempe sur la joue de Colin.
Il se fit un abondant silence à l'entour, et la majeure partie du reste du monde se mit à compter pour du beurre.

Boris Vian, *L'Écume des jours* (1947), © Société Nouvelle des Éditions Pauvert 1979, 1996 et 1998 ; © Librairie Arthème Fayard, 1999 pour l'édition en œuvres complètes.

Repérer

a. **Nommez le registre de langue de la première phrase.**

....

b. **Dans la troisième phrase, soulignez en bleu un groupe nominal de registre soutenu.**

c. **Soulignez en rouge une expression en langage familier. Que signifie-t-elle ?**

....

....

d. **Quel temps est majoritairement utilisé dans ce récit ? Appartient-il au langage courant ?**

....

....

....

....

Manipuler

a. **Remplacez le substantif *cheveux* par deux synonymes, l'un soutenu, l'autre familier.**

....

b. **Quelle expression courante pourrait être utilisée pour signifier « à l'entour » ?**

....

Rédiger

Imaginez la suite du texte en mêlant les registres soutenu et familier.

....

....

....

....

....

Retenir

Chaque registre de langue s'emploie dans un **contexte précis**, mais les textes littéraires jouent avec les différentes façons de s'exprimer.

	Registre familier	Registre courant	Registre soutenu
Contexte d'emploi	• Langage spontané, oral. • Interlocuteurs proches. *Tu viens, on va s'enjailler ?*	• Langage correct usuel. • Interlocuteurs se connaissant peu. *Voulez-vous danser avec moi ?*	• Langage recherché, surtout écrit. • Interlocuteurs cultivés. *Auriez-vous l'amabilité de m'accorder cette danse ?*
Particularités grammaticales et lexicales	• Ellipses : le *ne* de la négation. • Contractions : *ça* à la place de *cela* ; *steplaît* pour *s'il te plaît*. • Vocabulaire relevant de la langue orale (argot, verlan…). *Il y a un bail, il a été à une teuf qui l'fait encore gamberger.*	• Syntaxe correcte. • Passé composé à la place du passé simple. • Vocabulaire commun, ni sophistiqué, ni vulgaire. *L'autre fois, il est allé à un bal dont il s'est longtemps souvenu.*	• Syntaxe recherchée. • Passé simple et temps rares (subjonctifs au passé). • Vocabulaire riche. *Naguère, il se rendit à une réception dont il se souvint des mois durant.*
Choix d'écriture	• Hyperboles, métaphores : *Géniale, énorme, une tuerie !*	• Peu d'effets de style. *Très agréable, cette soirée !*	• Style recherché, effets rhétoriques variés. *Magnifique réception, fastueuse soirée !*

! La **dissonance** est l'emploi d'un style soutenu pour un sujet ordinaire (**dissonance héroïcomique**) ou d'un style familier pour un sujet noble (**dissonance burlesque**).

Pratiquer

2 **Complétez ce tableau en transcrivant chaque mot dans les différents registres.**

Registre soutenu				Détention		Souliers	
Registre courant		Voiture	Monnaie				Livre
Registre familier	Rogne				Tronche		

3 **Vers le commentaire**

À l'avenue Henri-Martin, on tournait sur la gauche et puis on avançait encore un peu, enfin, on arrivait devant une grille au milieu des arbres d'une petite allée privée.

« Tu vois ! que remarqua Voireuse, quand on fut bien devant, c'est comme une espèce de château... Je te l'avais bien dit... Le père est un grand manitou dans les chemins de fer, qu'on m'a raconté... C'est une huile...

– Il est pas chef de gare ? que je fais moi pour plaisanter.

– Rigole pas... Le voilà là-bas qui descend. Il vient sur nous... »

Louis-Ferdinand Céline,
Voyage au bout de la nuit (1932),
© Éditions Gallimard, 1952.

a. **Quel registre de langue prédomine ? Prouvez-le en relevant deux substantifs synonymes, et donnez leur équivalent en langage courant.**

....

....

b. **L'emploi du pronom *on* est-il soutenu ? Justifiez.**

....

....

c. **Récrivez les phrases soulignées en changeant de registre.**

....

....

d. **Surlignez les propositions incises (propositions indiquant celui qui s'exprime). Dans quel registre sont-elles formulées ? Comment les auriez-vous écrites ?**

....

....

e. **Commentez l'effet produit par le registre de langue de ce dialogue.**

....

....

....

....

....

4 **Vers la dissertation**

La poésie est l'ambition d'un discours qui soit chargé de plus de sens, et mêlé de plus de musique, que le langage ordinaire n'en porte et n'en peut porter.

Paul Valéry, *Passage de Verlaine* (1921).

Voilà le rôle de la poésie. Elle dévoile, dans toute la force du terme. Elle montre nues, sous une lumière qui secoue la torpeur, les choses surprenantes qui nous environnent et que nos sens enregistraient machinalement.

Jean Cocteau, *Le Secret professionnel* (1922),
in *Poésie critique* © Éditions Gallimard.

Reformulez en une phrase la thèse de chaque auteur en utilisant le registre courant.

La poésie, contrairement ....

....

....

La poésie a une fonction ....

....

....

....

Atelier d'expression

Rédigez deux couplets de slam sur des sujets qui vous tiennent à cœur. L'un sera écrit en langage familier et l'autre en langage soutenu.
Aidez-vous d'un dictionnaire pour enrichir votre vocabulaire.

ORAL **Récitez vos deux couplets devant vos camarades en adoptant le ton qui convient.**

2 Préciser ou nuancer ses propos

Découvrir

1

> En arrivant au collège, je fus confié aux soins particuliers de l'abbé Le Prince qui professait la rhétorique et possédait à fond la géométrie : c'était un homme d'esprit, d'une belle figure, aimant les arts et peignant assez bien le portrait.
>
> Chateaubriand, *Mémoires de ma vie* (1817).

Repérer

a. Qui parle dans cet extrait ? Relevez des indices d'énonciation.

....

....

....

....

b. Soulignez les termes mélioratifs. Appartiennent-ils tous à la même classe grammaticale ? Que soulignent-ils ?

....

....

....

c. Quelle expression le narrateur aurait-il pu employer au lieu de *je fus confié aux soins particuliers de l'abbé Le Prince* ? Expliquez.

....

....

....

....

....

Manipuler

Récrivez le portrait de l'abbé en employant des expressions courantes et concises.

....

....

....

....

Rédiger

Commentez ce portrait en utilisant vos relevés.

....

....

....

....

....

....

....

....

....

Retenir

	Vocabulaire	Verbes
Soyez clair(e) et précis(e)	• Choisissez les **mots justes** : *prolongement* (dans l'espace), *prolongation* (dans le temps). • Supprimez les répétitions grâce aux **synonymes** : *enseignement, matière, transmission, pédagogie, leçon…*	• Évitez les verbes sans originalité (*être, avoir, faire…*) : *Les élèves ~~étaient~~ paraissaient contents. Ils ~~faisaient leurs devoirs à la maison~~ travaillaient en autonomie.* • Évitez la locution *il y a* : *~~Il y a beaucoup d'heures de cours~~* / *Les cours sont nombreux.*
Nuancez votre propos	• Avec des **termes mélioratifs** ou **péjoratifs** : *C'est un cours admirable.* • Avec des **adverbes modalisateurs** (*peut-être, sans doute, bien…*) : *Sans aucun doute, ce devoir est parfaitement réussi.* • Avec des **figures de rhétorique** adaptées, d'**amplification** (hyperbole) ou d'**atténuation** (euphémisme) : *Ce sont les élèves les plus appliqués de ma carrière.*	• Avec des **verbes de pensée ou de sentiment** (*estimer, considérer, juger, apprécier…*). • Avec des **tournures impersonnelles** (*il est possible, il semble…*) : *Il semble que tout soit clair dans cette leçon.* • Avec des **modes et temps verbaux variés** (conditionnel, subjonctif…) : *Il se peut que demain nous nous retrouvions tous en permanence.*

Pratiquer

2 **Vers le commentaire**

Londres, New York et Paris sont les métropoles **les plus dynamiques** sur le plan culturel. On ne compte plus les musées, centres d'art, fondations et galeries de ces trois agglomérations qui sont **mondialement réputées** pour leur **très grand** nombre de salles de concert, de lieux d'exposition, de théâtres ou de cinémas. Ouvertes sur l'ensemble du monde, et proposant une multiplicité d'activités artistiques et intellectuelles, ces trois villes-mondes, également au sommet de la fréquentation touristique, feraient rêver une bonne partie de l'humanité.

a. Soulignez le procédé rhétorique le plus employé. Que met-il en évidence ?

....

....

b. Quel est le point commun des expressions en gras ? À quelle figure de rhétorique pouvez-vous les rattacher ?

....

c. Quels sont les GN qui évitent la répétition des noms de villes ? Lequel est imagé ? Expliquez.

....

....

d. Quelle valeur accordez-vous au dernier temps verbal ?

....

....

....

....

3 **Vers le commentaire**

Vous me demandez, ma chère enfant, si j'aime toujours bien la vie : je vous avoue que j'y trouve des chagrins cuisants ; mais je suis encore plus dégoûtée de la mort : je me trouve si malheureuse d'avoir à finir tout ceci par elle, que, si je pouvais retourner en arrière, je ne demanderais pas mieux. Je me trouve dans un engagement qui m'embarrasse : je suis embarquée dans la vie sans mon consentement ; il faut que j'en sorte ; cela m'assomme [...].

Madame de Sévigné, *Lettre à sa fille*, 16 mars 1672.

a. Quels indices d'énonciation sont répétés ? Qui parle à qui ?

....

....

....

b. Quelle opinion l'auteure exprime-t-elle sur la mort ?

....

....

....

c. Quelle figure de style emploie-t-elle pour montrer la fatalité de la mort ?

....

....

d. Complétez ce paragraphe de commentaire.

Dans cette lettre, Mme de Sévigné répond à une question posée par sa fille : .... Elle aborde le sujet de la mort en commençant par exprimer ses émotions comme le montrent les expressions : .... Puis elle précise son point de vue à l'aide de métaphores : ....

....

....

....

Atelier d'expression

Rédigez la critique du dernier film que vous avez vu. Commencez par en préciser objectivement le contenu, avant d'exprimer un jugement subjectif mais nuancé.

ORAL **Présentez à l'oral un film, livre ou spectacle en précisant s'il vous a plu ou non.**

3 Éviter les répétitions

Découvrir

1

Un bourdonnement usinier, la résonance des passerelles d'un building, le sec clavecin des machines à écrire, il est certain qu'au son de ces musiques ingrates la femme active se surmène. Mais elle ne saurait s'épuiser sans la passion rageuse d'un gain nécessaire et de l'émulation[1]. Elle y acquiert et augmente sa valeur, au détriment de sa personnalité.

Colette, *Paris de ma fenêtre* (1942), © Librairie Arthème Fayard, 2004.

1. Compétition par l'exemple.

Repérer

a. Dans la partie soulignée, relevez les trois mots ou expressions relatifs au bruit.

....

b. Surlignez le GN qui permet de reprendre ces mots sans les répéter.

c. Qui est observé par Colette ? Quel outil emploie-t-elle pour ne pas répéter ce GN ?

....

....

Manipuler

a. Proposez un mot remplaçant la périphrase *un gain nécessaire.* ....

b. Remplacez le pronom *Elle* de la dernière phrase par un pronom, puis par un synonyme.

....

Rédiger

a. Résumez ce texte en une phrase sans en répéter les énumérations et expressions imagées.

....

....

....

....

b. Sans répétition, complétez l'extrait par une phrase développant la notion de valeur évoquée par l'auteure.

....

....

....

....

Retenir

Bien écrire implique de ne pas trop se répéter. Utilisez des **procédés de substitution** (reprises).

Reprises pronominales	Reprises nominales
• **Pronoms personnels** Le sommeil occupe le tiers de notre vie. Il est la consolation des peines de nos journées [...]. Nerval, *Aurélia*. • **Pronoms démonstratifs** Il faut avoir besogné durement de l'aube à la nuit avec son dos et ses membres pour comprendre ce que cela veut dire. Hémon, *Maria Chapdelaine*. • **Pronoms possessifs** [I]l prenait tous les jours les intérêts de la reine contre les siens propres. Madame de La Fayette, *La Princesse de Clèves*. • **Pronoms adverbiaux** Nos archives sont pleines de rapports de fous. Nous en recevons tous les jours [...]. Cendrars, *Le Lotissement du ciel*, ©1949, 2005 Éditions Denoël.	• **Synonymes :** termes de sens voisin. Qui dit froid écrivain dit détestable auteur. Boileau, *L'Art poétique*. • **Hyperonymes :** termes englobants, de sens plus général. Je hais l'Anglais mutin et le brave Écossais, [...] Bref, je hais quelque vice en chaque nation [...]. Du Bellay, *Les Regrets*. • **Périphrases :** expressions définissant ou précisant ce qu'évoque le premier mot employé. [M]oi je serais dans l'eau en train de patauger, et vous, vous seriez toujours là en train de faire des mouvements pour vous réchauffer. Dubillard, « Le Plongeon », in *Les Diablogues et autres inventions à deux voix* © 1975 Éditions Gallimard.

! Les pronoms indéfinis *l'un(e) / l'autre* sont utiles dans des analyses comparées :
Molière et Racine sont deux dramaturges classiques ; l'un a écrit des comédies, l'autre des tragédies.

Pratiquer

2 La comédie est très ancienne puisqu'elle remonte à l'Antiquité. La comédie a constamment évolué, du théâtre romain à nos jours. Même si au Moyen-Âge la comédie existait sous certaines formes, comme la farce sur les tréteaux, la comédie a pris ses lettres de noblesse en France, à l'époque classique, quand Molière a écrit et fait représenter de nombreuses comédies. Fondées sur une intrigue relative au mariage, les premières comédies opposaient des jeunes gens à leurs aînés masculins, pères, oncles ou tuteurs, mais la comédie s'est de plus en plus diversifiée dans ses thèmes et tonalités, au point que la comédie s'est totalement confondue avec le drame ou la tragédie dans des pièces modernes, comme celles de Beckett dans les années 1950.

a. Surlignez les occurrences du mot *comédie*.

b. Remplacez ces répétitions par des reprises adaptées. Nommez-les grammaticalement.

1. comédie / nom
2. .... / pronom démonstratif
3. .... / périphrase
4. elle / ....
5. .... / pronom adverbial
6. .... / ....
7. ce type d'œuvre / ....
8. .... / ....

3 Vers la dissertation

Ce roman de Maupassant, Une vie, est donc un roman que l'on pourrait qualifier de féministe en raison du combat que l'héroïne Jeanne mène jusqu'à la fin du roman afin de sauver son domaine et sa petite-fille, mais ce roman, par la noirceur des événements qui s'abattent sur la protagoniste, peut être vu comme un roman trop désespérant pour défendre la cause des femmes.

a. Surlignez le mot constamment répété.

b. Recopiez ce début de conclusion en utilisant des reprises correctes. Attention aux accords !

....

....

....

....

....

....

....

....

....

....

....

c. Complétez-le par une phrase d'ouverture comparant cette œuvre à un autre roman.

....

....

....

....

....

....

4 Vers le commentaire

Dans votre dernière copie de commentaire, votre professeur(e) a encadré quatre fois la répétition « comme le montre », proposition que vous avez utilisée pour insérer vos citations.

a. Conservez la première occurrence, mais remplacez les trois autres par des synonymes.

1. ....
2. ....
3. ....

b. Proposez trois couples différents de connecteurs logiques pour introduire vos paragraphes de commentaire.

Partie I / 1er § : .... 2e § : ....
Partie II / 1er § : .... 2e § : ....
Partie III / 1er § : ....
2e § : ....

Atelier d'expression

Rassemblez une liste de synonymes et périphrases du mot *poésie*, puis utilisez-les dans une définition personnelle de ce genre littéraire.

ORAL **Résumez un événement récent qui s'est déroulé dans votre lycée, en vous interdisant de répéter les mots *lycée, élève, professeur(e), cours* et *classe*.**

4 Varier l'emploi des déterminants

Découvrir

1

Sa route était par Paris. Il prend place dans une voiture publique. À trois heures du matin, cette voiture passe devant l'Opéra, **on sortait du bal**. Trois ou quatre jeunes étourdis masqués projettent d'aller déjeuner avec les voyageurs ; on arrive au point du jour à la déjeunée.

Denis Diderot, *Jacques le fataliste* (1796).

Repérer

a. **Dans les premières phrases, surlignez le nom répété et le mot qui le précède.**

b. **Nommez les mots accompagnant ce nom, et expliquez leur emploi.**

....

....

....

....

Manipuler

a. **Remplacez les notations chiffrées par *un(e)* dans les GN soulignés. Quelle incidence cela a-t-il sur les GN ?**

....

Commentaire : ....

....

b. **Recopiez la proposition en gras en remplaçant *bal* par *réception*. Commentez la modification et déduisez-en la composition du mot *du*.**

....

Commentaire : ....

Déduction : ....

Rédiger

Mettez au féminin et au singulier les deux premiers noms de la dernière phrase. Attention aux accords.

....

....

Retenir

Le **déterminant** intègre le nom dans la phrase et porte ses marques de **genre** (masculin, féminin) et de **nombre** (singulier, pluriel).

Déterminants	Définitions
• **Article défini** : *le, la, les.* • Forme contractée : *au* (*à* + *le*), *du* (*de* + *le*), *aux* (*à* + *les*), *des* (*de* + *les*).	• Désigne un élément déjà identifié par le lecteur : *La femme avance dans la rue.* • Exprime la plus grande généralité : *La femme contemporaine affirme ses droits.*
• **Article indéfini** : *un, une, des.*	• Désigne un élément apparaissant pour la première fois : *Une femme vient de surgir.* • Exprime l'anonymat, la généralité : *À travail égal, une femme doit gagner autant qu'un homme.*
• **Déterminant possessif** : *mon, ta, ses, leur…*	• Indique l'appartenance : *Elle n'aime pas que son époux dise « ma femme ».*
• **Déterminant démonstratif** : *ce, cette, ces*, parfois accompagné d'un adverbe de lieu (*-ci, -là*).	• Désigne ce qui a déjà été évoqué : *Elle arrive ; cette femme a l'air dynamique.* • Présente ce qui arrive en contexte : *Respectez cette femme-là ; elle défendra vos droits !*
• **Déterminant numéral cardinal** (*un, deux, cent…*) ou **ordinal** (*premier, deuxième…*).	• Précise le nombre ou le rang de(s) élément(s) concernés : *Vingt femmes ont postulé ; le troisième entretien a été brillant.*
• **Déterminant indéfini** : *aucun, chaque, quelque, nul, tel…*	• Introduit de façon imprécise un élément général : *Aucune femme ne supporte plus d'être humiliée.*
• **Déterminant exclamatif** ou **interrogatif** : *quel, quelle, quel(le)s.*	• Désigne en traduisant l'interrogation ou l'admiration : *De quelle femme s'agit-il ? Quelle femme, en effet !*

Pratiquer

2 **Complétez ce texte en utilisant les déterminants adaptés.**

Dorante présente un magicien à son ami Pridamant.

.... grand mage dont ...... art commande à ....
[nature
N'a choisi pour palais que .... grotte obscure.
.... nuit qu'il entretient sur .... affreux séjour,
N'ouvrant .... voile épais qu'............ rayons d'.....
[faux jour,
De .... éclat douteux n'admet en .... lieux
[sombres
Que ce qu'en peut souffrir .... commerce ....
[ombres[1].

Corneille, *L'Illusion comique*, I, 1 (1636).

1. Fréquentation des morts.

3 *Toute tulipe est la plante à une histoire passionnante. Cette étymologie est digne aux Mille et une nuits car son mot français vient au terme turc signifiant « turban », quelque origine rappelant une forme de sa fleur. Deux couleurs chatoyantes de chaque corolle ont fasciné cette Europe. C'est sa Hollande qui a obtenu un monopole de leur exploitation au point de provoquer une première bulle financière de son histoire.*

L'emploi des déterminants est erroné.
a. Soulignez-les.
b. Récrivez le texte en corrigeant.

....
....
....
....
....
....
....
....
....
....
....
....
....

4 **Vers le commentaire**

Je m'enfuis du combat, mon armée est défaite,
J'ai perdu contre Amour la force et la raison :
Jà[1] dix lustres[2] passés, et jà mon poil grison[3]
M'appellent au logis et sonnent la retraite.

Ronsard, *Sonnets pour Hélène*, LXXV (1578).

1. Déjà. 2. Périodes de cinq années. 3. Cheveux gris.

a. Surlignez les déterminants.

b. Quel est le déterminant le plus utilisé ? Quel est le sens des mots qu'il accompagne ? Quelle est sa valeur ?

....
....
....
....

c. Quels sont les deux autres types de déterminant employés ?

....
....
....

d. Quelle tonalité donnent-ils à ce poème ?

....
....
....

e. Complétez ce paragraphe axé sur l'utilisation des déterminants dans le poème de Ronsard.

Le quatrain de Ronsard affirme son lyrisme par son emploi significatif des déterminants. Ainsi, avec la répétition du possessif .... accompagnant le terme imagé .... et le GN .... , le poète confie au lecteur la certitude d'être arrivé au soir de sa vie. Le déterminant numéral ...., appliqué aux .... vécus par le poète, révèle les .... révolus de cet homme réduit à lutter contre .... ; cette adversité est évoquée dans des mots abstraits déterminés par l'article défini .... : .... et .... sont battues par ....

Atelier d'expression

En dix lignes, décrivez votre ville ou village en utilisant tous les types de déterminants.

ORAL **Employez chaque type de déterminants dans une série de petites propositions sur le thème du ciel.**

5 Reconnaître les classes grammaticales

Découvrir

> Qu'ai-je fait ? malheureuse ! … où suis-je ? chez moi… Qui m'y a ramenée ? … Ah ! mes forces m'abandonnent ; je ne vois plus… je n'entends plus !
>
> Constance de Salm, *Vingt-quatre heures d'une femme sensible* (1824).

Repérer

a. Combien de verbes comptez-vous ?

....

b. *Malheureuse* appartient à deux classes grammaticales : lesquelles ?

....

c. Quels synonymes désignent la classe du mot *forces* ?

....

d. Soulignez les mots invariables.

e. Pourquoi nomme-t-on *pronoms* les mots *je, m', moi* ?

....

f. À quoi servent les mots *Qu', où, Qui* ? Quel indice le confirme ?

....

Manipuler

Transformez le mot *malheureuse* en adverbe.

....

Rédiger

En utilisant au minimum un pronom, deux noms, deux verbes, deux adjectifs et un adverbe, imaginez la suite de ce début de lettre :

Qu'ai-je fait ? malheureuse ! ....

....

Retenir

Une **classe grammaticale** regroupe les termes de même **nature.**

	Définitions	Exemples
Classes de mots variables		
Le déterminant	Introduit le nom et s'accorde avec lui en genre et en nombre. Il peut être **défini** (*le, la, les…*), **indéfini** (*un, des, chaque…*), **possessif** (*mon, ta, ses…*), **démonstratif** (*ce, cette, ces…*)	*La Suisse, son pays, cette nation.*
Le nom (ou substantif)	Noyau du groupe nominal (GN).	*Voyage, découverte.*
L'adjectif	Qualifie le nom et s'accorde en genre et en nombre avec lui.	*Voyage dépaysant, contrées exotiques…*
Le pronom	Remplace un nom ou GN. Il peut être **personnel** (*je, me, nous…*), **possessif** (*le mien, les nôtres…*), **démonstratif** (*celui-ci, celles-là…*), **indéfini** (*on, tout, certains…*), **interrogatif** ou **relatif** (*qui, que, où…*).	*Préfères-tu cette région-ci ou celle-là ?*
Le verbe	Noyau du groupe verbal (GV), il exprime une action (*marcher, rouler…*), un état (*être, sembler…*), un changement d'état (*devenir, s'améliorer…*). Il change selon la personne, le nombre, le mode et le temps.	*Les explorateurs me fascinent et me fascineront toujours.*
Classes de mots invariables		
L'adverbe	Complète et nuance le sens d'un nom, verbe ou adjectif.	*Très beau périple !*
La préposition	Introduit un GN ou infinitif complément.	*Voler vers Lisbonne pour arriver à 18 h.*
La conjonction	Unit des GN ou des propositions pour assurer une **coordination** (*mais, ou, et, donc, or, ni, car*) ou une **subordination** (*comme, quand, puisque…*).	*Comme j'ai raté mon vol, je dois prendre une correspondance.*

Un mot n'appartient pas forcément à une seule classe ; le contexte permet de l'identifier.
Un voyage (nom précédé d'un déterminant) ≠ *Il voyage* (verbe précédé d'un pronom sujet).

Pratiquer

2 Vers la contraction de texte

[U]n pays où on ne comprend pas l'art est un pays d'esclaves, de robots, un pays de gens malheureux, un pays de gens qui ne rient pas ni ne sourient, un pays sans esprit ; où il n'y a pas l'humour, où il n'y a pas le rire, il y a la colère et la haine.

Eugène Ionesco, *Notes et contre-notes* (1966), © Éditions Gallimard.

a. Quel mot du texte peut être aussi bien un substantif qu'un verbe ? Quelle est ici sa classe ? Expliquez.

....

....

b. Quel est le seul adjectif ?

....

c. Relevez un pronom relatif, une préposition, une conjonction de coordination.

....

d. Résumez la thèse d'Ionesco en utilisant obligatoirement les huit classes de mots.

....

....

....

3

Lundi 26 octobre (1914)
Au château de Toussicourt. Je monte la longue avenue jonchée de feuilles mortes. Jolie **teinte** jaune, soleil à travers les branches. Décor pour idylle[1], hélas.

Marcel Maréchal, cité dans *Paroles de Poilus, Lettres et carnets du front 1914-1918* (1998), © « Librio », Éditions J'ai lu.

1. Poésie alliant l'amour et la nature.

a. Le terme en gras peut appartenir à deux classes différentes : lesquelles ?

....

....

b. Quels indices permettent de déterminer la classe exacte de ce mot ?

....

....

c. Quels adverbes pourrait-on ajouter après *je monte* ? Proposez-en trois.

....

d. Quelle classe de mots devrait normalement précéder les substantifs des deux dernières phrases ?

....

e. Quel effet produit l'absence des mots de cette classe ?

....

....

....

....

4

L'autre jour au fond d'un vallon,
Un serpent piqua Jean Fréron[1] ;
Que croyez-vous qu'il arriva ?
Ce fut le serpent qui creva.

Voltaire (1758).

1. Auteur d'une revue qui combattait les philosophes des Lumières.

Complétez ce paragraphe de commentaire.

Voltaire est connu pour ses courts écrits satiriques et polémiques. L'un de ces textes s'attaque au journaliste Jean Fréron. La virulence de la chute est renforcée par les assonances en [a] qui font rimer trois .... : « piqua », « arriva » et « creva ». On peut aussi noter la répétition du .... « serpent », d'abord précédé du .... « un », puis du .... « le » ; ce changement de .... fait comprendre de façon plaisante que ce journaliste est certainement plus venimeux que le redoutable animal.

Atelier d'expression

Rédigez une longue phrase descriptive comportant deux fois les huit classes grammaticales existantes.

ORAL

Deux matchs d'improvisation (*battle*) à effectuer par groupes de deux élèves.
Improvisez un dialogue poétique dans lequel vous n'utiliserez qu'une seule classe de mots :
– soit des noms de fruits et de légumes,
– soit des adjectifs qualifiant des caractères, des tempéraments.
Mettez le ton, de façon à captiver votre auditoire.

6 Repérer les fonctions dans la phrase simple

Découvrir

1 Par une matinée pluvieuse, au mois de mars, un jeune homme, soigneusement enveloppé dans son manteau, se tenait sous l'auvent de la boutique qui se trouvait en face de ce vieux logis, et paraissait l'examiner avec un enthousiasme d'archéologue. [...] Au premier, quatre fenêtres longues, étroites, rapprochées l'une de l'autre, avaient des carreaux de bois dans leur partie inférieure, afin de produire ce jour douteux [...].

Honoré de Balzac, *La Maison du chat-qui-pelote* (1830).

Repérer

a. **Soulignez les groupes de mots indiquant lieux et temps de l'action.**

b. **Comment les nomme-t-on ?**

Manipuler

a. **Parmi ces GN, lesquels sont déplaçables ou supprimables ?**

b. **Récrivez la première phrase jusqu'à *logis*, en imaginant la scène de nos jours et en été.**

Rédiger

Expliquez le rôle des compléments soulignés.

Retenir

La **fonction** d'un mot est son **rôle** dans la phrase.

	Fonctions	Définitions	Exemples
Relatives au verbe	**Sujet**	GN, pronom ou infinitif commandant l'accord du verbe.	*Théo lit un roman.*
	Attribut du sujet	Caractéristique du sujet après un verbe d'état.	*Théo paraît enthousiasmé.*
	Complément d'objet direct (COD)	GN, pronom ou infinitif développant ou recevant le sens d'un verbe.	*Je l'aperçois.*
	Complément d'objet indirect (COI)	Groupe prépositionnel (à ou *de* + nom ou verbe) développant le sens d'un verbe. En pronom personnel, sans préposition.	*Nous parlons à Théo.* *Nous lui parlons.*
	Complément d'objet second (COS)	Groupe prépositionnel (à + GN) bénéficiant de l'action du verbe avec COD.	*Nous résumons l'actualité à Théo.*
	Attribut du COD	Caractéristique donnée au COD.	*Je trouve Théo admirable.*
	Compléments circonstanciels (CC)	Précisions (temps, lieu, manière, cause...) portant sur le verbe ou la phrase.	*Grâce à Théo, nous avons résolu le problème.*
Relatives au nom	**Complément du nom**	Groupe prépositionnel informant sur un nom.	*J'ai emprunté la trousse de Théo.*
	Épithète	Adjectif qualificatif, adjectif verbal ou participe passé, placé à côté du nom auquel il se rapporte.	*Cet ami rassurant est venu me voir.*
	Apposition	Précision nominale ou définition, séparée du nom par une virgule.	*Théo, mon meilleur ami, a assisté à la soirée.*

Pratiquer

2 **Formez des phrases suivant les schémas imposés.**

a. CC de lieu, verbe, sujet.

....

b. Sujet, verbe, CC de temps, attribut du sujet.

....

c. CC de cause avec complément du nom, sujet, verbe, COD, COS.

....

....

....

d. Verbe, sujet, COD, COS.

....

3 **Complétez les phrases par un mot ou GN correspondant à la fonction demandée.**

1. Il resta (attribut du sujet) ....
2. Il resta (CC de temps) ....
3. Vous êtes parties (attribut du sujet) ....
4. Vous êtes partis (CC de manière) ....
5. Nous observions la demeure (épithète) ....
6. Voici la demeure (complément du nom) ....

4

Le père et la mère étaient au travail. L'aînée, une fille de sept ans qui en paraissait cinq, berçait le plus petit qui pleurait. Les deux autres étaient accroupis à côté de la sœur aînée dans une attitude de stupeur. Messieurs, ces quatre enfants dans cette cave, seuls, vêtus de lambeaux, livides[1], immobiles, silencieux, accablés, une atmosphère fétide[2], des guenilles séchant sur des cordes, à terre des flaques d'eau produites par le suintement des eaux de la cour le long des murs de la cave, je renonce à vous donner une idée de cette misère !

Victor Hugo, *Discours sur les caves de Lille* (1851).

1. Pâles. 2. Malodorante.

Donnez la fonction des mots et groupes de mots soulignés.

....

....

....

....

....

....

....

....

5 **Vers le commentaire**

Elle avait un large chapeau de paille, avec des rubans roses qui palpitaient au vent derrière elle. Ses bandeaux noirs, contournant la pointe de ses grands sourcils, descendaient très bas et semblaient presser amoureusement l'ovale de sa figure. Sa robe de mousseline[1] claire, tachetée de petits pois, se répandait à plis nombreux. Elle était en train de broder quelque chose ; et son nez droit, son menton, toute sa personne se découpait sur le fond de l'air bleu.

Gustave Flaubert, *L'Éducation sentimentale* (1869).

1. Tissu léger.

a. Surlignez les épithètes et soulignez les compléments du nom.

b. Ces éléments sont-ils objectifs ? Expliquez.

....

....

....

c. Complétez ce paragraphe sur le rôle des expansions du nom dans le texte de Flaubert.

Grâce à l'utilisation des épithètes et compléments du nom, la description ....

....

....

....

....

....

....

....

....

....

Atelier d'expression

Développez la phrase : *L'enfant entra dans le théâtre*, à l'aide de trois CC, deux épithètes et deux compléments du nom.

ORAL **Décrivez précisément un tableau ou une photographie que vous appréciez, en utilisant de nombreux CC de lieu, compléments du nom et épithètes.**

7 Commenter une figure de rhétorique

Découvrir

1 Au soleil de midi, la maison dormait, les persiennes closes, dans le bourdonnement des grosses mouches qui montaient le long du lierre, jusqu'aux tuiles. Une paix heureuse baignait cette ruine ensoleillée.

Émile Zola, *La Faute de l'abbé Mouret* (1875).

Repérer

a. **Identifiez une figure de rhétorique au début du texte. Grâce à quelle précision sur la maison se développe-t-elle ?**

b. **Où retrouvez-vous cette figure dans le texte ? Expliquez.**

Manipuler

a. **Récrivez le complément souligné en ajoutant des adjectifs qualificatifs, de façon à ce que l'hyperbole *ruine* soit justifiée.**

b. **Récrivez le plus objectivement possible la dernière phrase, sans figure de rhétorique.**

Rédiger

Complétez cette phrase de commentaire en vous appuyant sur les repérages a et b.

Dans ce chapitre, le romancier Zola plante une atmosphère sereine en ……

Retenir

Les **figures de rhétorique** (ou figures de style) embellissent un texte, le rendant plus efficace.

	Définitions	Exemples
Figures d'analogie	Créent une « équivalence » entre deux termes.	• *C'est un frigo chez toi.* **(métaphore)** • *Son immeuble ressemble à une maison de poupée.* **(comparaison)** • *Ce loyer menace mon budget.* **(personnification)** • *Le Bonheur est mon unique maison.* **(allégorie)**
Figures d'opposition	Confrontent deux termes de sens contraires.	• *Vu la surface, est-ce une niche ou une maison ?* **(antithèse)** • *Il conçoit des maisons inhabitables.* **(oxymore)**
Figures de substitution	Remplacent le terme attendu par un autre terme porteur d'un sens nouveau.	• *L'incendie a ravagé les foyers de ce village* [pour *maisons* ou *familles*]. **(métonymie)** • *Mon havre de paix grève mon salaire.* **(périphrase)**
Figures d'atténuation ou d'amplification	Rendent une affirmation plus ou moins forte.	• *Ce sans-abri en a assez qu'on l'appelle SDF.* **(euphémisme)** • *J'ai loué une maison de fous donnant sur la plage.* **(hyperbole)**
Figures de construction	Mettent en lien des termes en jouant sur la syntaxe.	• *Maison de plain-pied, maison sur deux niveaux… Tout s'achète.* **(anaphore)** • *Il n'aime ni les maisons anciennes, ni les maisons neuves.* **(parallélisme)**

Voir **Les figures de rhétorique** p. 96.

Pratiquer

2 **Reliez chaque citation à la figure de rhétorique qui lui correspond.**

De mes soupirs témoin irréprochable,
De mes ennuis contrôleur véritable […]
Louise Labé, *Sonnets* (1555).

Le plus sot animal, à mon avis, c'est l'homme.
Boileau, *Satires* (1666).

L'Orient presque entier va fléchir sous sa loi […]
Racine, *Bérénice*, II, 1 (1670).

Jamais martyre n'a souffert pareilles tortures […]
Dumas fils, *La Dame aux camélias* (1848).

Pitié pour les malheureux, mais indulgence pour les heureux.
Hugo, *Les Misérables* (1862).

- Métaphore
- Parallélisme
- Hyperbole
- Antithèse
- Allégorie

3

L'Infante
Écoute, écoute enfin comme j'ai combattu,
Écoute quels assauts brave encor ma vertu.
L'amour est un tyran qui n'épargne personne […].

Corneille, *Le Cid*, I, 1 (1636).

Retrouvez chaque figure de rhétorique et expliquez son utilisation.

Allégorie : un tyran qui n'épargne personne (l'amour fais souffrir) (ou bien de)

Anaphore : Écoute, écoute répétition du mot écoute

Hyperbole : qui n'épargne personne therme très fort

Personnification : brave ma vertu

4 Vers le commentaire

En approchant de son usine, le père Sorel appela Julien de sa voix de stentor[1] ; personne ne répondit. Il ne vit que ses fils aînés, espèces de géants qui, armés de lourdes haches, équarrissaient[2] les troncs de sapin, qu'ils allaient porter à la scie. […] Au lieu de surveiller attentivement l'action de tout le mécanisme, Julien lisait. Rien n'était plus antipathique au vieux Sorel.

Stendhal, *Le Rouge et le Noir* (1830).

1. Forte voix. 2. Rendaient carrés.

a. Trouvez la figure de rhétorique présente dans le GN souligné. Expliquez.

espèce de Géants. C'est une comparaison car [espèce de] : outil comparatif. (lourdes haches ; équarir)

b. Que fait Julien ? Quels termes prouvent qu'il est en antithèse avec ses frères ?

au lieu d'équarrire les troncs de sapin ; Julien préfère lire. Dans ce texte, la lecture est plutôt associée à une forme de douceur tandis que équarrir les troncs est plutot associé à la notion de force.

c. Grâce à quelle figure la réaction du père s'exprime-t-elle ?

Elle s'exprime grâce à l'hyperbole [Rien n'était plus antipathique au vieux Sorel]

d. Complétez cette phrase de commentaire.

Le narrateur joue sur l'opposition entre Julien et ses frères en créant une antithèse frappante :

Espèce de géants, armés de lourdes haches, équarrissaient les troncs de sapin // Julien lisait. Rien n'était plus antipathique au vieux Sorel.

Atelier d'expression

Rédigez deux vers rimant sur le thème de l'amour fou, en créant une antithèse entre une métaphore au vers 1 et une autre au vers 2.

ORAL **Employez une anaphore et une hyperbole dans un slogan destiné à sensibiliser à la question du changement climatique.**

8 Étudier le vocabulaire d'un texte

Découvrir

1

Que mon état est changé dans peu de jours ! Que d'amertumes se mêlent à la douceur de me rapprocher de vous ! Que de tristes réflexions m'assiègent ! Que de traverses[1] mes craintes me font prévoir ! Ô Julie ! Que c'est un fatal présent du ciel qu'une âme sensible ! Celui qui l'a reçu doit s'attendre à n'avoir que peine et douleur sur la terre. Vil jouet de l'air et des saisons, le soleil ou les brouillards, l'air couvert ou serein, régleront sa destinée, et il sera content ou triste au gré des vents.

Jean-Jacques Rousseau, *La Nouvelle Héloïse* (1761).

1. Difficultés.

Repérer

a. **Soulignez en bleu les termes se rapportant aux sentiments du narrateur.**

b. **Soulignez en rouge les termes liés à la nature.**

Manipuler

Récrivez la dernière phrase sous le signe exclusif du bonheur.

....

....

....

....

Rédiger

Montrez que le narrateur est victime de sentiments contradictoires et incontrôlables.

....

....

....

....

....

....

....

....

Retenir

Analyser un texte implique de s'intéresser à son **lexique**, donc au sens des mots et aux relations qu'ils entretiennent.

	Définitions	Exemples
Champ sémantique	Rassemble toutes les significations d'un mot.	Le cœur a ses raisons que la raison ne connaît point. (Pascal, Pensées) Jeu sur la polysémie du mot *raison* (*cause* et *esprit*).
Polysémie	Propriété d'un mot ayant plusieurs sens.	
Monosémie	Propriété d'un mot ayant un seul sens (termes techniques, savants : *logiciel*, *métaphore*…).	
Sens propre	Sens premier, concret d'un mot.	On fit réchauffer un restant de ragoût que Daniel dévora. (Zola, « Le Vœu d'une morte ») Pendant deux ans il dévora des volumes en nombre incalculable. (Maupassant, « Le Père Milon ») *Dévorer* employé au sens propre (Zola), au sens figuré (Maupassant).
Sens figuré	Sens abstrait, imagé, d'un mot.	
Champ lexical	Rassemble au moins trois mots (ni expressions ni propositions entières) ayant un thème commun.	[Un] oiseau déplorait sa triste destinée, Et disait en souffrant un surcroît de douleur, Faut-il contribuer à son propre malheur ? (La Fontaine, « L'Oiseau blessé d'une flèche ») Mots soulignés : champ lexical de la souffrance.
Connotation	Impression créée chez le lecteur par un mot, **méliorative** (positive) ou **péjorative** (négative).	Tous les hommes sont menteurs, inconstants, faux, bavards, hypocrites, orgueilleux et lâches, méprisables et sensuels ; toutes les femmes sont perfides, artificieuses, vaniteuses, curieuses et dépravées. (Musset, *On ne badine pas avec l'amour*) Vision pessimiste de l'humanité (termes péjoratifs).

Pratiquer

2 **Soulignez les termes polysémiques et expliquez les jeux de mots.**

a. Le plus clair de mon temps, dit Colin, je le passe à l'obscurcir.

Boris Vian, *L'Écume des jours* (1947), © Société Nouvelle des Éditions Pauvert 1979, 1996 et 1998 © Librairie Arthème Fayard, 1999 pour l'édition en œuvres complètes.

....

....

....

b. PANCRACE

De quelle langue voulez-vous vous servir avec moi ? […]

SGANARELLE

Parbleu ! De la langue que j'ai dans la bouche.

Molière, *Le Mariage forcé* (1664).

....

....

3 **Vers le commentaire**

On avait laissé cet enfoncement du rocher tel que la nature l'avait orné. Sur ses flancs bruns et humides rayonnaient en étoiles vertes et noires de larges capillaires, et flottaient au gré des vents des touffes de scolopendre suspendues comme de longs rubans d'un vert pourpré. Près de là croissaient des lisières de pervenche, dont les fleurs sont presque semblables à celles de la giroflée rouge, et des piments, dont les gousses couleur de sang sont plus éclatantes que le corail.

Bernardin de Saint-Pierre, *Paul et Virginie* (1788).

a. Comprenez-vous le sens de tous les mots ? Le texte est-il pour autant incompréhensible ?

....

....

....

b. Quel champ lexical évoque la nature ?

....

c. Surlignez les mots du champ lexical des couleurs.

d. Quelle image ces deux champs lexicaux donnent-ils du lieu décrit ?

....

....

....

....

....

....

....

4 **Vers le commentaire**

Voici le portrait de Quasimodo.

Une <u>grosse</u> tête hérissée de cheveux roux ; entre les deux épaules une bosse <u>énorme</u> dont le contre-coup se disait sentir par devant ; un système de cuisses et de jambes si étrangement <u>fourvoyées</u>[1] qu'elles ne pouvaient se toucher que par les genoux […] ; et, avec toute cette difformité, je ne sais quelle allure redoutable de <u>vigueur</u>, d'<u>agilité</u> et de <u>courage</u> ; étrange exception à la règle éternelle qui veut que la force, comme la beauté, résulte de l'harmonie.

Victor Hugo, *Notre-Dame de Paris* (1831).

1. Tordues.

a. Les mots soulignés ont-ils la même connotation ?

....

....

b. Surlignez les deux termes résumant ce qui oppose ces mots.

c. Montrez en une phrase que ce portrait est paradoxal.

....

....

....

....

....

....

....

....

Atelier d'expression

Rédigez un paragraphe poétique utilisant six mots du champ lexical de la nuit. Veillez à utiliser des connotations différentes (fascinante, inquiétante…).

ORAL **Décrivez votre salle de classe en utilisant le champ lexical des couleurs, et des adjectifs mélioratifs.**

9 Employer les termes de l'histoire littéraire

Découvrir

1

On peut dire que l'unité de lieu est observée dans cette pièce, en ce que toute l'action se passe dans le palais d'Assuérus[1]. Cependant, comme on voulait rendre ce divertissement plus agréable à des enfants, en jetant quelque variété dans les décorations[2], cela a été cause que je n'ai pas gardé cette unité avec la même rigueur que j'ai fait autrefois dans mes tragédies.

Jean Racine, préface d'*Esther* (1689).

1. Roi de Perse. 2. Décors.

Repérer

a. **Quel genre littéraire est nommé dans cette préface ?**

....

b. **Quel est le sujet de ce paragraphe ? Illustrez.**

....

....

Manipuler

a. **Surlignez la bonne réponse.**
Une des règles du théâtre classique est nommée la règle des deux / trois / quatre / cinq unités.

b. **Récrivez la première phrase en remplaçant *unité de lieu* par *unité de temps*.**

....

....

....

....

Rédiger

Expliquez quelle liberté Racine s'est accordée par rapport à la règle énoncée.

....

....

....

....

Retenir

Mémorisez les mots-clés de **l'histoire littéraire** grâce à quelques repères.

XVIe	XVIIe	XVIIIe	XIXe	XXe
Humanisme • Homme, sujet principal • Réflexion sur la société idéale • Culture antique (Montaigne, Rabelais) **Pléiade** • Poésie lyrique, sonnet, ode • Poésie satirique, critique de la cour (Ronsard, Du Bellay)	**Baroque** • Illusion, rêve • Grand théâtre du monde • Instabilité et métamorphoses • Décors extravagants (Corneille, Viau) **Classicisme** • Moralités • Idéal de l'honnête homme • Équilibre, mesure et symétrie • Règle des trois unités • Bienveillance • Vraisemblance (Molière, Racine, Corneille, Madame de La Fayette)	**Lumières** • Bonheur • Raison • Esprit critique (≠ préjugés) • Tolérance (≠ fanatisme) • Littérature d'idées (Montesquieu, Voltaire, Diderot, Rousseau)	**Romantisme** • Lyrisme, mélancolie • Exotisme, voyage • Engagement, idéal • Légendes (Nerval, Hugo) **Parnasse et symbolisme** • L'art pour l'art (Gautier, Verlaine) • Refus du réel, rêve **Réalisme** • Vérité • Société **Naturalisme** • Famille, hérédité • Sciences (Balzac, Flaubert, Zola)	**Surréalisme** • Rêve, inconscient • Révolution esthétique • Insolite (Breton, Desnos) **Absurde** • Tragique • Solitude • Crise du langage • Révolte (Camus, Ionesco, Beckett) **Nouveau Roman** • Nouveau réalisme ≠ modèle balzacien • Descriptions objectives • Fin de la psychologie (Sarraute, Butor)

Pratiquer

2

À temps nouveaux, devoirs nouveaux. La fonction des penseurs aujourd'hui est complexe ; penser ne suffit plus, il faut aimer. Penser et aimer ne suffit plus, il faut agir ; penser, aimer et agir ne suffit plus, il faut souffrir. Posez la plume, et allez où vous entendrez de la mitraille […].

Victor Hugo, *William Shakespeare* (1864).

a. D'après la première phrase, comment la littérature s'adapte-t-elle à l'histoire ?

....

....

....

b. Soulignez quatre verbes définissant le rôle des auteurs. Lequel évoque le lyrisme ?

....

c. Lequel évoque l'engagement ? Quel mot d'ordre le prouve ?

....

....

....

d. À quel mouvement littéraire Victor Hugo se rattache-t-il ?

....

3 Vers la contraction de texte

Aujourd'hui que le Roman s'élargit et grandit, qu'il commence à être la grande forme sérieuse, passionnée, vivante, de l'étude littéraire et de l'enquête sociale, qu'il devient, par l'analyse et par la recherche psychologique, l'Histoire morale contemporaine, aujourd'hui que le Roman s'est imposé les études et les devoirs de la science, il peut en revendiquer les libertés et les franchises.

Edmond et Jules de Goncourt, préface de *Germinie Lacerteux* (1865).

a. Soulignez les mots du champ lexical de la connaissance. Quelle image donnent-ils du mouvement naturaliste ?

....

....

....

b. Surlignez les adjectifs mélioratifs. Quelle est leur fonction ?

....

c. Résumez la thèse des frères Goncourt.

....

....

....

....

....

4 Vers le commentaire

Jeunesse, jeunesse ! Souviens-toi des souffrances que tes pères ont endurées, des terribles batailles où ils ont dû vaincre, pour conquérir la liberté dont tu jouis à cette heure. Si tu te sens indépendante, si tu peux aller et venir à ton gré, dire dans la presse ce que tu penses, avoir une opinion et l'exprimer publiquement, c'est que tes pères ont donné de leur intelligence et de leur sang.

Émile Zola, *Lettre à la jeunesse* (1897).

a. À quel genre argumentatif ce texte appartient-il ? Justifiez la réponse.

....

....

....

b. Soulignez l'autorité répétée à laquelle la jeunesse doit se référer. Quel est son rôle ?

....

....

....

c. Définissez le rôle de la presse à partir de ce texte.

....

....

....

....

....

....

....

....

....

Atelier d'expression

Rédigez un paragraphe montrant que l'humanisme est à la fois un mouvement de la Renaissance et une préoccupation actuelle.

ORAL **Choisissez un tableau baroque représentant une vanité. Énumérez et analysez les éléments permettant de reconnaître ce genre pictural.**

10 S'aider de l'étymologie

Découvrir

1

LE MAÎTRE DE PHILOSOPHIE – Est-ce la physique que vous voulez apprendre ?
MONSIEUR JOURDAIN – Qu'est-ce qu'elle chante, cette physique ?
LE MAÎTRE DE PHILOSOPHIE – La physique est celle qui explique les principes des choses naturelles, et les propriétés des corps ; qui discourt de la nature des éléments, des métaux, des minéraux, des pierres, des plantes et des animaux [...].
MONSIEUR JOURDAIN – Il y a trop de tintamarre là-dedans, trop de brouillamini.
[...] Apprenez-moi l'orthographe.

Molière, *Le Bourgeois gentilhomme* (1673).

Repérer

a. **Soulignez dans le texte trois mots savants issus du grec.**

b. **Quelle est la particularité orthographique de ces mots ?**

....

Manipuler

a. **Trouvez l'équivalent actuel du mot *physique*. Expliquez.**

....

....

....

....

....

b. **Trouvez trois mots dont la racine est *ortho* et trois dont la racine est *philo*.**

....

....

Rédiger

Commentez le rapport de chaque personnage au langage.

....

....

....

....

....

....

....

Retenir

L'étymologie, **étude de l'origine des mots**, est une clé pour comprendre le **sens** des mots et leur **orthographe**.

Racines grecques	Exemples
● **Vocabulaire scientifique, technique et littéraire.**	*Philosophie,* de *philein* (aimer) + *sophia* (sagesse). *Mythologie,* de *mythos* (récit) + *logos* (étude).
● **Orthographe complexe :** - l'*y* est très fréquent dans ces termes, mais pas systématique, - certaines lettres ont été transposées en double consonne : phi (*ph*), thêta (*th*), khi (*ch*),	*Oxymore* mais *hémistiche.* *Xénophobe, théologie, chronologie.*
Racines latines	**Exemples**
● **Mots courants**, l'essentiel de notre langue.	*Législation,* de *lex, legis* (loi). *Spectacle,* de *specto* (regarder).
● Les mots commençant par le préfixe latin *in-* (sans) doublent leur consonne initiale lorsque le radical commence par *l, m, n* ou *r.*	L'antonyme de *logique* est *illogique.*
Autres racines	**Exemples**
● Langues des **pays environnant la France** et de **pays orientaux** proches de l'Europe.	*Hasard,* de l'arabe *az-zahr* via l'espagnol *azar.*
● La langue évolue au rythme des **migrations** et des **modes**.	*Radar,* de l'anglais *Radio detecting and ranging.* *Yaourt,* du turc *yoğmak* (cailler).

Voir **Les racines grecques et latines** en page de garde avant.

Pratiquer

2 **Complétez les phrases avec le terme d'origine grecque approprié.**

1. Mon ami est ...., il effectue des fouilles en Égypte.
2. Il pense que les femmes sont peu compétentes, il est ....
3. Floriane est .... : elle ne cesse de raconter des mensonges.
4. Complètez cette frise .... pour le cours d'histoire.
5. Julien est .... car il écrit des lettres en les intervertissant.

3 **Trouvez cinq mots contenant les racines suivantes.**

1. *Hémi-* : ....
....
2. *-phobe* : ....
....
3. *-cide* : ....
....
4. *Homo-* : ....
....
5. *Thermo-* : ....
....

4 **Trouvez le terme littéraire correspondant aux définitions.**

1. Emploi d'un mot ancien, jugé inadapté : ....
2. Genre narratif consistant à écrire sa propre vie : ....
3. Point de vue d'un narrateur qui perçoit les pensées et sentiments de tous les personnages : ....
4. Qui a plusieurs significations : ....
5. Qui provoque la pitié : ....

5 **Vers le commentaire**

Les lois de la démocratie tendent, en général, au bien du plus grand nombre, car elles émanent de la majorité de tous les citoyens, laquelle peut se tromper, mais ne saurait avoir un intérêt contraire à elle-même. Celles de l'aristocratie tendent, au contraire, à monopoliser dans les mains du petit nombre la richesse et le pouvoir, parce que l'aristocratie forme toujours de sa nature une minorité.

On peut donc dire, d'une manière générale, que l'objet de la démocratie, dans sa législation, est plus utile à l'humanité que l'objet de l'aristocratie dans la sienne.

Alexis de Tocqueville, *De la démocratie en Amérique* (1835).

a. Quels sont les régimes politiques opposés dans ce texte ? Définissez-les à l'aide de leur étymologie.

....
....
....
....
....
....

b. Expliquez l'origine du mot *législation* et trouvez deux mots formés à partir de la même racine.

....
....
....

c. Complétez cette phrase de commentaire.

Grâce à une antithèse, Tocqueville oppose deux .... politiques : ...., associée étymologiquement au ...., est ...., et .... dont la racine grecque signifie ...., privilégie ....
....

Atelier d'expression

Cherchez l'étymologie des noms *voix* et *voie* et employez chaque mot dans une phrase différente.

ORAL Formez trois néologismes (mots inventés) à partir de racines existantes, et donnez-en la définition.

11 Orthographier les homonymes

Découvrir

1

Elle arrivait chez moi, fermement résolue à ne pas s'écarter désormais de son régime. Mais ce régime, elle l'enfreignait constamment sans s'en douter, les infractions étant toutes exceptionnelles quoique quotidiennes. « Je veux seulement savoir si ce feuilleté est réussi. » « Cette <u>pâte</u> d'<u>amandes</u>, ce n'est rien, mon fils, juste une bouchée de fourmi, ça ne va pas plus loin que la gorge, juste un peu pour me passer l'envie. Ne sais-tu pas qu'une envie non contentée fait grossir ? »

Albert Cohen, *Le Livre de ma mère* (1954), © Éditions Gallimard.

Repérer

a. **Trouvez un homonyme aux deux termes soulignés.**

....

b. **Que signifie le mot *régime* ? Ce mot peut-il être employé avec d'autres sens ?**

....

....

....

c. **Surlignez deux homonymes.**

Manipuler

a. **Inventez une phrase avec deux homophones de *sais*.**

....

....

....

b. **Complétez les phrases suivantes avec les homophones des mots surlignés.**

Je veux savoir si ce feuilleté est réussi ; je crains qu'il n'........... brûlé. Ce régime, elle .... refuse à le suivre.

Rédiger

***Quoique / quoi que*. Employez ces expressions dans deux phrases différentes.**

....

....

....

....

Retenir

Les **homonymes** (**homophones** et **homographes**) sont des mots qui ont la même prononciation.

	Analyses	Exemples
Homophones	Homonymes ayant une graphie différente.	
• ***Ce / se***	• ***Ce*** : déterminant ou pronom démonstratif. • ***Se*** : pronom réfléchi devant un verbe pronominal.	*<u>Ce</u> verre s'est renversé ; <u>ce</u> n'est pas grave.* *Elle <u>se</u> fâche pour rien.*
• ***Ces / ses***	• **Ces** et **ses** sont des déterminants, l'un démonstratif, l'autre possessif.	*<u>Ces</u> mots ne sont pas dans <u>ses</u> habitudes.*
• ***Tout / tous***	• ***Tout*** : pronom indéfini, déterminant ou adverbe (remplaçable par *tout à fait*).	*On a <u>tout</u> prévu pour la surprise : <u>tous</u> les invités joueront le jeu ; ils sont <u>tout</u> excités !*
• ***Quelque / quel(le) que***	• ***Quel(le) que*** **:** locution s'accordant avec le nom qu'elle introduit. • ***Quelque*** **:** déterminant indéfini (accord avec le nom) ou adverbe (remplaçable par *aussi*).	*<u>Quelles que</u> soient les raisons de leur départ…* *<u>Quelques</u> invités sont partis plus tôt. <u>Quelque</u> déçus qu'ils soient, ils font bonne figure.*
• ***Quoique / quoi que***	• ***Quoique*** **:** conjonction de subordination (remplaçable par *bien que*). • ***Quoi que*** : pronom relatif composé (avec le sens de *quelle que soit la chose*).	*<u>Quoiqu'</u>elle ait tort, elle s'obstine.* *<u>Quoi qu'</u>on dise, elle s'obstine.*
Homographes	Homonymes s'écrivant de la même façon.	
• ***Leur / leurs***	• ***Leur*** : pronom personnel, ne prend jamais de -*s* devant un verbe. • ***Leur*** : déterminant possessif, s'accorde au nom qu'il précède.	*Elle <u>leur</u> parle.* *Ils prennent <u>leur</u> temps.*

Pratiquer

2 **Complétez les phrases suivantes par des homophones de *tout*. Précisez la classe grammaticale du mot choisi.**

1. La voiture avançait .... feux éteints.

2. Je suis .... ouïe : raconte-moi .... tes ennuis.

3. Il vient d'acheter une voiture .... électrique.

4. .... les passants s'arrêtaient pour observer de .... petits chiots abandonnés.

5. L'avion atterrit .... en douceur sur la piste.

3 **Complétez en choisissant *quoique* ou *quoi que*.**

1. .... vous en pensiez, je ferai ce que je veux.

2. .... nous soyons fatigués, nous devons persévérer pour atteindre notre but.

3. .... la tempête se soit calmée, il est conseillé de ne pas sortir.

4. ....'il arrive, restons ensemble !

5. ....'ils fussent très émus, ils n'en laissaient rien paraître.

4 **Complétez avec *quelque* ou *quel(les) que*.**

1. Nous avons observé .... vingt espèces de fleurs différentes dans ce parc naturel.

2. .... soient ses réactions, on lui pardonne toujours tout.

3. .... riches qu'ils soient, cela ne leur autorise pas tout.

4. .... soit le temps, nous irons visiter ce château.

5. Elle est arrivée à huit heures et ....

5 **a. Complétez le texte en surlignant l'un des homophones proposés entre parenthèses.**

> Si je pouvais faire un peu de bien en passant, j'essayerais d'appeler (*quelque/quelques*) attention sur (*ses/ces*) pauvres villes délaissées dont les chemins de fer (*ont/on*) détourné la circulation et la vie. Elles s'asseyent tristement sur les débris de (*leurs/leur*) fortune passée, et (*ce/se*) concentrent en elles-mêmes, jetant un regard désenchanté sur les merveilles d'une civilisation qui les condamne (*où/ou*) les oublie.
>
> Gérard de Nerval, *Promenades et souvenirs* (1855).

b. Quelle est la préposition la plus répétée ? Quel est son homonyme dans la classe des adjectifs qualificatifs ?

....

....

6 **Vers la dissertation**

Voici un paragraphe de dissertation portant sur le recueil *Les Fleurs du mal* de Baudelaire. Corrigez entre parenthèses les erreurs surlignées.

Bien qu'il est (..................) connu des auteurs romantiques, Baudelaire s'est éloigné de se (..................) mouvement pour assigner à sa poésie de nouvelles missions. Il c'est (.....................) promené en observateur dans la ville de Paris et, s'inspirant de tout (.....................) ces lieux encombrés et bruyants, il veut en montrer la beauté insoupçonnée. Le titre de sont (....................) recueil, Les Fleurs du mal, illustre bien se (..................) projet : révéler ce qu'il y a d'admirable dans le mal. Quoi que (...........................) certains de ces (....................) poèmes est (......................) été mal reçus en sont (....................) temps, ils sont vite devenus des emblèmes de la modernité.

Atelier d'expression

L'an est si lent.
Abandonnons nos ancres dans l'encre,
mes amis.

Robert Desnos, « L'an est si lent » in « L'Aumonyme » (1930), recueilli dans *Corps et biens* © Éditions Gallimard.

À la manière de Robert Desnos, rédigez un poème à partir d'homonymes de votre choix.

ORAL

Sur le site de l'INA, écoutez le sketch de Raymond Devos intitulé « À Caen mes vacances ? ». Jouez-en tout ou partie en retenant l'essentiel des jeux de mots.

12 Orthographier le féminin et le masculin

Découvrir

1

> Restée seule avec son grand-père, Brulette avait fait de son mieux pour devancer les années par sa raison et son courage. Mais il y a des enfants qui naissent avec le don ou le destin d'être toujours gâtés.
>
> George Sand, *Les Maîtres sonneurs* (1853).

Repérer

a. **Quels indices grammaticaux montrent que Brulette est une fille ?**

....

....

b. **Dans sa formation, quel indice prouve que le nom *Brulette* est féminin ?**

....

c. **Dans la dernière phrase, relevez le GN au pluriel. Quel est son genre ? Quel accord le prouve ?**

....

....

....

....

Manipuler

Dans la dernière phrase, remplacez *enfants* par *fillettes*. Que constatez-vous ?

....

....

....

Rédiger

Dites comment, à partir de la citation, on décèle le féminisme de l'auteure.

....

....

....

....

....

Retenir

Noms et adjectifs sont répartis entre les genres **masculin** et **féminin**.

	Noms	Exemples
Règle	• La finale -e est perçue comme la marque du féminin. • Un GN comportant un masculin et un féminin entraîne un accord au masculin. • La féminisation des noms de profession et des titres est préconisée par l'Académie française, sauf exceptions.	*Épingle, femme, ville.* *Cette dame et son époux se sont perdus.* *Avocat, avocate.* *Elle est docteur en chimie.*
Cas particuliers	• Les mots en *-té*, généralement féminins, s'écrivent : - avec un *-e* final pour les noms concrets ; - sans *-e* pour les noms abstraits. • Les mots en finale *-tié*, tous féminins, s'écrivent sans *-e*. • De nombreux masculins portent un *-e* final.	*Dictée, jetée, pelletée.* *Égalité, majorité, vérité.* *Amitié.* *Câble, éloge, lycée, musée.*

	Formes adjectivales	Exemples
Règle	• La finale *-e* différencie le masculin et le féminin : - souvent pour les **adjectifs** ; - systématiquement pour les **participes passés.**	*Bleue.* *Allée, enfouie, vue.*
Cas particuliers	• Le passage au féminin entraîne des **modifications de suffixe et de prononciation** : - doublement et prononciation de la consonne finale ; - transformation du suffixe. • Les adjectifs **épicènes** ont la même forme au féminin et au masculin.	*Fluette, gentille.* *Craintif / craintive, sec / sèche, grec / grecque.* *Agréable, facile, sympathique.*

Pratiquer

2 **Mettez au féminin les mots suivants.**

1. Noms : adjoint, ..., explorateur, ..., géomètre, ..., ingénieur, ..., médecin, ..., ouvrier, ..., philosophe, ..., statisticien, ..., usurpateur, ..., volontaire, ...

2. Adjectifs qualificatifs : aisé, ..., comique, ..., complexe, ..., effectif, ..., fréquent, ..., joyeux, ..., moteur, ..., païen, ..., rouge, ..., subtil, ...

3. Participes passés : acquis, ..., balancé, ..., corrompu, ..., exclu, ..., fini, ..., inclus, ..., perdu, ..., soumis, ..., volé, ...

3

> Les servantes et les domestiques sont traités avec une douceur familière bien différente de notre politesse affectée, qui semble à chaque mot leur rappeler l'infériorité de leur position.
>
> Théophile Gautier, *Le Voyage en Espagne* (1843).

a. Soulignez deux GN coordonnés. Expliquez l'accord du groupe verbal qui suit.

....

....

....

....

b. Surlignez le CC de manière. Recopiez-le en remplaçant les féminins par des masculins, et modifiez les accords en conséquence.

....

....

c. Relevez le dernier GN. Quel est le genre de ces noms ? Expliquez.

....

....

....

4 **Vers le commentaire**

> TARTUFFE
> L'amour qui nous attache aux beautés éternelles
> N'étouffe pas en nous l'amour des temporelles[1] ;
> Nos sens facilement peuvent être charmés
> Des ouvrages parfaits que le Ciel a formés.
>
> Molière, *Le Tartuffe*, III, 3 (1669).
>
> 1. Terrestres.

a. Surlignez les deux GN synonymes.

b. Échangez les adjectifs qualificatifs. Accordez.

....

....

c. Soulignez les rimes. Quels genres se succèdent ? Avec quelles marques orthographiques ?

....

....

....

....

d. Commentez la versification du texte en vous appuyant sur le relevé précédent.

....

....

....

....

....

....

....

....

Atelier d'expression

Rédigez un texte féminisant des noms de profession, voire des titres, afin de prouver que la langue française peut généraliser l'emploi du féminin.

ORAL **Par groupes de deux, organisez un tournoi consistant à féminiser rapidement dix noms et adjectifs masculins.**

13 Orthographier les mots invariables

Découvrir

1

> Un homme qui s'aimait sans avoir de rivaux
> Passait dans son esprit pour le plus beau du monde :
> Il accusait toujours les miroirs d'être faux,
> Vivant plus que content dans son erreur profonde.
>
> Jean de La Fontaine, « L'Homme et son miroir » (1668).

Repérer

a. *De* et *du* sont-ils invariables ? Expliquez.

....

....

b. Soulignez neuf mots invariables.

c. Nommez les classes auxquelles appartiennent ces mots.

....

....

....

Manipuler

a. Proposez les antonymes de quatre mots soulignés.

....

....

....

b. Transformez en adverbes les adjectifs *faux* et *profonde*.

....

....

Rédiger

Imaginez la morale de la fable, en utilisant un adverbe.

....

....

Retenir

L'orthographe des mots invariables s'apprend par des lectures fréquentes ou par mémorisation.

Classes de mots invariables	Terminaisons sans -s	Terminaisons avec -s
Interjections	*Oh, ô…*	
Adverbes	- de **temps** : *aujourd'hui, d'abord, déjà, pendant, plutôt…* - de **lieu** : *devant, derrière, ici, là, partout…* - de **quantité** : *beaucoup, davantage, peu, presque, trop…* - de **comparaison** ou de **qualité** : *aussi, bien, mal, mieux…* - d'**affirmation** ou de **doute** : *oui, non, peut-être…* - d'**intensité** : *si, tant, tellement…*	- de **temps** : *alors, autrefois, depuis, désormais, jadis, jamais, longtemps, toujours…* - de **lieu** : *dessous, dessus, hors, dehors…* - de **quantité** : *moins, plus…* - de **concession** : *certes, d'ailleurs, toutefois…*
Conjonctions de coordination	*Ou, et, donc, or, ni, car.*	*Mais.*
Conjonctions de subordination	*Parce que, puisque, quand…*	*Alors que, tandis que…*
Prépositions	*Avec, jusqu'à, malgré, parmi, selon…*	*Envers, près de, sans, sous, vers…*

Règle de la formation des adverbes de manière (*-ment*) à partir d'adjectifs	
Adjectifs se terminant par une voyelle	*Poli* + *-ment* : *poliment* (1 *m*)
Adjectifs se terminant par une consonne	*Long / longue* (féminin) + *-ment* : *longuement* (1 *m*)
Adjectifs se terminant par *-ent*	*Récent* + *-ment* : *récemment* (2 *m*)
Adjectifs se terminant par *-ant*	*Brillant* + *-ment* : *brillamment* (2 *m*)
Exceptions	*Assidûment, intensément, gaîment* (accents) ; *gentiment, impunément* (issu d'*impuni*)…

Pratiquer

2 **Indiquez la classe grammaticale de ces mots et ajoutez de courts exemples pour justifier.**

	Mots invariables	Exemples	Mots variables	Exemples
bien	adverbe	bien parler	nom	posséder des biens
ensemble				
vers				
tout				

3 **Formez des adverbes en *-ment* à partir des adjectifs proposés :**

1. Lent : ……
2. Commun : ……
3. Bref : ……
4. Effectif : ……
5. Prudent : ……

4 *Malgrés la censure, bien des auteurs ont trouvé des solutions pour écrire librements et publier leurs œuvres. Parmis eux, Voltaire, par exemple, a rédigé des contes philosophiques qu'il a publiés anonimements. Certe, il n'est pas le premier. Dailleur Montesquieu lui aussis avait dabors publié <u>Les Lettres persanes</u> sans nom d'auteur.*

Surlignez puis corrigez les mots mal orthographiés.

5 **Vers le commentaire**

> Quoi ! Parce qu'un homme a le menton couvert d'un vilain poil rude, qu'il est obligé de tondre de fort près, et que mon menton est né rasé, il faudra que je lui obéisse très humblement ? Je sais bien qu'en général les hommes ont les muscles plus forts que les nôtres, et qu'ils peuvent donner un coup de poing mieux appliqué : j'ai peur que ce ne soit là l'origine de leur supériorité.
>
> Voltaire, *Femmes, soyez soumises à vos maris* (1759-1768).

a. **Soulignez les mots invariables.**

b. **Pour chaque classe de mots invariables, citez un exemple du texte.**

c. **Quelle interjection peut-on ajouter à *Quoi* ! ?**

d. **Quel mot invariable porte un accent le distinguant de son homonyme ?**

e. **Quel mot du texte est tantôt invariable tantôt variable ? Justifiez-le.**

f. **Expliquez le rôle des deux adverbes consécutifs *très humblement* dans l'argumentation.**

Atelier d'expression

Longtemps je me suis couché de bonne heure.
Développez cette phrase d'incipit (*Du côté de chez Swann* de Marcel Proust) en utilisant au moins huit mots invariables. Après chacun d'eux, indiquez sa classe entre parenthèses.

ORAL **Entraînez-vous par binômes à transformer des adjectifs en adverbes en *-ment* et à les épeler.**

14 Accorder les groupes nominaux

Découvrir

1 À peine si, après deux cents ans d'habitation, si après une alliance avec l'une des familles primordiales, une famille venue de quelque province voisine se voit adoptée ; aux yeux des indigènes elle semble être arrivée d'hier dans le pays. Les Préfets [...] ont tenté de civiliser ces vieilles familles perchées sur leur roche comme des corbeaux défiants : les familles ont accepté leurs fêtes et leurs dîners ; mais quant à les admettre chez elles, elles s'y sont refusées constamment.

Honoré de Balzac, *Illusions perdues* (1843).

Repérer

a. **Surlignez dans le texte les adjectifs qualifiant les noms soulignés.**

b. **Un des GN comportant le nom *famille* se distingue. Comment et pourquoi ?**

....

....

....

Manipuler

Remplacez la première occurrence du nom *familles* par *groupes*. Accordez le GN.

....

Rédiger

Comment les familles installées depuis longtemps sont-elles présentées ?

....

....

....

....

....

....

....

....

....

Retenir

Déterminants et **adjectifs qualificatifs** s'accordent **avec le nom** auquel ils se rapportent.

	Cas particuliers	Exemples
Déterminants démonstratifs	• ***Ce*** devient *cet* devant un nom ou adjectif masculin commençant par une voyelle ou un *h* non aspiré.	*Cet arbre, cet homme.*
Déterminants indéfinis	• ***Chaque, aucun, nul*** sont au singulier, sauf rares exceptions (notion au pluriel). • ***Quelque*** change de sens selon qu'il est au singulier ou au pluriel. • ***Tel*** s'accorde avec le nom qui le suit, ou qui le précède dans l'expression *tel que*.	*Aucun magasin n'est ouvert. Il n'y a aucuns travaux ici.* *Quelque idée (une certaine idée) ≠ quelques idées.* *Ce système s'impose, telle l'évidence ! Ce système, tel qu'il est décrit, va à la dérive.*
Déterminants numéraux	• ***Vingt*** et ***cent*** prennent un -*s* quand ils sont multipliés mais non suivis d'un autre nombre.	*Neuf cents candidats et quatre-vingt-un élus.*
Adjectifs de couleur	• Ils sont **invariables** : - quand ils sont **issus de noms** (exceptions : *rose*, *mauve* et *fauve*) ; - quand ils sont **composés**.	*Des feuilles orange, des motifs marron.* *Des yeux bleu clair.*
Adjectifs en *-al*	• Féminin en *-ale*. • Pluriel en *-aux*. • Exceptions : *finals, banals...*	*L'intrigue principale,* *les acteurs principaux.*
Beau, nouveau et vieux	• Ils prennent une **forme différente** devant un nom masculin commençant par une voyelle ou un *h* non aspiré.	*Un bel été, un vieil homme, un nouvel air.*

Pratiquer

2 **Complétez les phrases à l'aide des mots entre parenthèses. Accordez si nécessaire.**

1. Pourquoi ont-ils pris une (tel) .... décision ?
2. Les champs (lexical) .... de la nature et de l'homme sont très présents dans (ce) .... extrait.
3. (Chaque) .... semaine, il lit un (nouveau) .... ouvrage.
4. (Tout) .... ses stylos ont été égarés, il n'en retrouve (aucun) ....
5. Une famille de voisins (tel) .... que celle-ci donne envie de déménager.
6. Nous avons acheté des rideaux (rose pâle) ....
7. Le (vieux) .... héros apparaît généreux dès l'incipit du roman.
8. Après un mois de soldes, il a obtenu quatre-(vingt) .... pour (cent) .... de réduction !

3 **Vers le commentaire**

> Trois heures sonnaient [...] C'était l'heure crépusculaire, qui commençait dès midi, pour la petite maison, fraîche et verdissante, au pied du colosse. [...] Dans l'atelier, les vieux outils, les vieux murs, tout ce qui restait là immuable, semblait dormir du sommeil des siècles ; et il en venait aussi beaucoup de fraîcheur et de calme. Un grand carré de lumière blanche, égale et pure, tombait sur le métier, où se courbaient les brodeuses, avec leurs délicats profils, dans le reflet fauve de l'or.
>
> Émile Zola, *Le Rêve* (1888).

a. Récrivez les passages soulignés en remplaçant :

- *maison* par *logis :* ....
- *lumière* par *jour* : ....
- *profils* par *peau* : ....

b. Récrivez en changeant le nombre du GN :

- *les vieux outils, les vieux murs* : ....

....

- *le reflet fauve de l'or* : ....

c. Récrivez le dernier GN obtenu, en remplaçant *fauve* par *orange* et *or* par *soleil couchant*.

....

....

d. Enrichissez le GN *les brodeuses* en utilisant l'article indéfini et un adjectif valorisant commençant par une voyelle ou un *h* muet.

....

....

e. Commentez en une phrase le tableau proposé par le narrateur.

....

....

....

....

4 **Vers la dissertation**

Complétez.

Les pièces de Racine, écrites au XVIIe ...., époque du classicisme, respectent la règle des .... unités, de lieu, de temps et d'action. Ainsi, dans la tragédie Andromaque, ... les événements se déroulent dans le palais de Pyrrhus ; .... autre lieu n'est montré sur scène. De plus, l'action dure moins de .... heures. Quant à l'intrigue, elle est uniquement centrée sur la décision du personnage ...., Andromaque, qui doit choisir si elle épouse Pyrrhus, ... homme dont le père a tué .... époux, ou refuse .... ultimatum.

Atelier d'expression

Formez quatre GN comprenant un déterminant, un nom et un adjectif qualificatif, sujets de la phrase *paraissaient regarder les nuages.* **Variez la classe des déterminants (article défini, déterminant démonstratif...)**

ORAL **Imaginez un récit poétique employant les déterminants *nul*, *quelque*, *cent* et *tel*, et entraînez-vous à le raconter de manière expressive en respectant les liaisons éventuelles.**

15 Accorder les groupes verbaux

Découvrir

1 [Q]uand notre vaisseau s'est brisé contre le rocher, quelques-uns des nôtres ont eu le temps de se jeter dans la chaloupe ; il est vrai que les vagues l'ont enveloppée : je ne sais ce qu'elle est devenue ; mais peut-être auront-ils eu le bonheur d'aborder en quelque endroit de l'île, et je suis d'avis que nous les cherchions.

Marivaux, *L'Île des esclaves* (1725).

Repérer

a. **Soulignez en bleu les verbes conjugués, en rouge leurs sujets.**

b. **Lesquels sont des pronoms (ou groupes pronominaux) ?**

....

....

c. **Lequel est inversé ? Pourquoi ?**

....

....

Manipuler

a. **Remplacez le premier GN sujet par un pronom possessif.**

....

b. **Mettez-le au pluriel et accordez le verbe. En quoi le participe passé est-il modifié ?**

....

....

....

....

Rédiger

Et je suis d'avis que nous les cherchions. **Récrivez cette proposition en inversant les deux pronoms sujets.**

....

....

Retenir

- **L'accord du verbe dépend du nombre** (singulier ou pluriel) **de son sujet**, qui peut être : un **nom**, un **GN**, une **série de noms ou de GN**, un **pronom personnel** (1re, 2e ou 3e personne), un **pronom démonstratif**, un **pronom possessif**, un **pronom indéfini**.
Les cinéphiles / les membres du club ciné / Ils (elles) / Léa, son frère Luc et leurs amis / Ceux(celles)-ci / Les leurs / Tous ont assisté à la projection du film.

Sujets particuliers	Accord du verbe	Exemples
Incluant le pronom *moi* Incluant le pronom *toi*	*1re pers. du pluriel* *2e pers. du pluriel*	*Luc et moi poursuivons les recherches.* *Léa et toi maîtrisez le sujet.*
Incluant une **fraction**	Pluriel (mais singulier possible avec *la majorité, la moitié…*)	*Les trois quarts des exercices sont finis.* *La moitié des élèves a / ont terminé.*
L'un ou l'autre, tel ou tel	Singulier (1 ou 1)	*L'un ou l'autre des sujets conviendra.*
L'un et l'autre, tel et tel	Pluriel (1 + 1)	*L'un et l'autre des sujets conviendront.*
Pronoms indéfinis : *on, aucun, chacun*	Singulier	*On est prêt pour l'oral. Chacun s'est entraîné. Aucun ne se laisse distraire.*
Noms ou GN coordonnés par une **conjonction de comparaison** *(ainsi que, comme, moins que, plutôt que…)*	Pluriel (addition) ou singulier (exclusion)	*Zoé comme Zak ont fait l'exercice.* *Le professeur plutôt que les élèves choisit l'énoncé.*
Sujet **collectif** (mot singulier)	Singulier	*Ce groupe d'élèves est dynamique.*

! *C'est / Ce sont* s'accordent en fonction de ce qui suit : ***Ce seront*** *des sujets inédits.*

Pratiquer

2 **Mettez les sujets au pluriel et accordez.**

1. C'est lui qui a remporté la médaille : ....

....

2. Du train est descendue une touriste : ....

....

3. Resteras-tu pour le dîner ? : ....

....

4. Sa collection de timbres a été vendue : ....

....

5. Tout argument doit être justifié : ....

....

6. L'un ou l'autre pourrait réussir : ....

....

3 **a. Conjuguez ces verbes au temps de l'indicatif demandé.**

b. Soulignez la phrase dans laquelle le singulier et le pluriel sont tous deux possibles.

1. Que (*vouloir* / présent) .... dire ces phrases ?
2. Chacun d'entre nous (*rêver* / passé composé) .... d'un avenir meilleur.
3. Aucun ne (*pouvoir* / futur) .... résister à la tentation.
4. Ni toi ni moi ne (*savoir* / imparfait) .... ce qui allait se passer.
5. Beaucoup (*croire* / passé simple) .... à ces balivernes.
6. Il compta combien de pages lui (*rester* / imparfait) .... à lire.
7. L'une et l'autre (*avoir* / passé simple) .... de la chance.
8. Une foule d'idées (germer / plus-que-parfait) .... dans son esprit.

c. Dans la phrase 6, que devient l'accord si l'on ajoute le pronom *il* entre *pages* et *lui* ?

....

....

....

4 **Vers le commentaire**

Ce n'était point chose très rare dans les villes du Moyen-Âge qu'une entreprise comme celle que les truands tentaient en ce moment sur Notre-Dame. Ce que nous nommons aujourd'hui *police* n'existait pas alors. Dans les cités populeuses, dans les capitales surtout, pas de pouvoir central, un, régulateur. La féodalité avait construit ces grandes communes d'une façon bizarre. Une cité était un assemblage de mille seigneuries qui la **divisaient** en compartiments de toutes formes et de toutes grandeurs.

Victor Hugo, *Notre-Dame de Paris* (1831).

a. Mettez au pluriel l'expression soulignée.

....

....

b. Commentez l'accord du verbe.

....

c. Est-il possible d'accorder le verbe en gras au singulier sans changer le sens de la phrase ?

....

....

....

d. Quel est le sujet du verbe *existait* ? Pourquoi est-il au singulier ?

....

....

....

e. Quels types de sujets sont employés, et dans quel but ?

....

....

....

....

....

....

....

....

....

Atelier d'expression

Rédigez un paragraphe de dissertation où vous glisserez des sujets coordonnés particuliers (voir *Retenir*). Commencez par : *Les arts et la littérature, même en abordant des sujets tragiques, sont sources de plaisir. En effet…*

ORAL **Improvisez deux courts récits au passé composé dont les personnages seront d'abord une femme pressée, ensuite un groupe d'hommes affairés, aperçus dans la rue. Employez les mêmes verbes : *se mettre à, s'introduire, se plaindre*. Effectuez les accords de participes passés qui s'imposent.**

16 Accorder les participes passés

Découvrir

1

– Je me suis sauvée et je n'en puis plus. Voulez-vous bien me prendre dans votre voiture, Monsieur et Madame ?
Aussitôt nous l'avons fait monter. À peine assise, elle a perdu connaissance. Et devines-tu à qui nous avions affaire ? C'était la fiancée du jeune homme des Sablonnières, Frantz de Galais, chez qui nous étions invités aux noces !
– Mais il n'y a pas eu de noces, dis-je, puisque **la fiancée s'est sauvée** !
– Eh bien, non, fit-elle toute penaude en me regardant. Il n'y a pas eu de noces. Puisque **cette pauvre folle s'était mis dans la tête mille folies** qu'elle nous a expliquées.

Alain-Fournier, *Le Grand Meaulnes* (1913).

Repérer

a. **Soulignez les verbes au passé composé. Comment ce temps est-il construit ?**

....

....

b. **Expliquez l'accord du participe passé dans le dernier passé composé.**

....

....

....

c. **Relevez un participe passé employé sans auxiliaire : comment s'accorde-t-il ?**

....

....

....

Manipuler

Mettez au pluriel les expressions en gras. Justifiez les accords.

....

....

....

....

....

....

....

Rédiger

Imaginez que la jeune femme justifie sa fuite dans deux phrases aux temps composés.

....

....

Retenir

- Le **participe passé** accompagne l'auxiliaire *être* ou *avoir* aux **temps composés** :
- de l'**indicatif** : *Elle est partie* (passé composé) ; *elle était partie* (plus-que-parfait) ; *elle sera partie* (futur antérieur) ; *elle fut partie* (passé antérieur) ;
- du **subjonctif** : *qu'elle soit partie* (passé), *qu'elle fût partie* (plus-que-parfait).
- Il est aussi utilisé comme **adjectif** : *une femme perdue.*

	Cas particuliers	Exemples
Avec auxiliaire *être*	Accord en genre et en nombre avec le sujet.	*Elle est montée.*
Avec auxiliaire *avoir*	Pas d'accord avec le sujet, mais avec le COD placé devant le verbe.	*Elle a expliqué sa folie.* *Sa folie, elle l'a expliquée.*
Sans auxiliaire	Accord en genre et en nombre avec le nom complété.	*Une décision précipitée*
Verbes pronominaux	Temps composés avec l'auxiliaire *être*. Accord lié au **pronom réfléchi** *se*, qui est : - soit **un COD** : accord ; - soit **un COI** : pas d'accord. Accord avec un COD placé avant le verbe.	*Elle s'est enfuie.* *Elle s'est fâchée (elle a fâché elle-même).* *Ils se sont parlé (ils ont parlé à eux-mêmes).* *Cette question, ils ne se la sont pas posée.*

Pratiquer

2 **Accordez les participes passés.**

1. Ces consignes, je te les ai répét .... plusieurs fois, mais tu n'as rien voul .... entendre.

2. Elle ne nous a pas cr .... quand nous lui avons di .... qu'elle avait été reç .... au concours.

3. Pourquoi êtes-vous part .... si vite ?

4. Affaibli .... par la maladie, elle n'a pas p .... assister à la fête, ce qui l'a contrari ....

5. Ils se sont rencontr .... par hasard dans la rue et se sont donn .... rendez-vous.

6. Quand il eut termin .... son discours, la salle, enthousiasm ...., applaudit.

7. Tu n'as pas répond .... à mon message, serais-tu fâch .... ?

3 **Vers le commentaire**

a. **Accordez les participes passés des verbes entre parenthèses.**

Ronsard, j'ai (voir) .... l'orgueil des colosses antiques,
Les théâtres en rond (ouvrir) .... de tous côtés,
Les colonnes, les arcs, les hauts temples voûtés,
Et les sommets pointus des carrés obélisques.

J'ai (voir) .... des empereurs les grands thermes publiques,
J'ai (voir) .... leurs monuments que le temps a (dompter) ....,
J'ai (voir) .... leurs beaux palais que l'herbe a (surmonter) ....,
Et des vieux murs romains les poudreuses reliques.

Bref, j'ai (voir) .... tout cela que Rome a de nouveau,
De rare, d'excellent, de superbe et de beau :
Mais je n'y ai point (voir) .... encore si grand-chose

Que cette Marguerite, où semble que les cieux,
Pour effacer l'honneur de tous les siècles vieux,
De leurs plus beaux présents ont l'excellence (enclore) ....

Joachim Du Bellay, *Les Regrets* (traduction modernisée).

b. **Relevez le temps verbal dominant. Pourquoi est-il employé ?**

....
....
....
....

c. **Repérez l'anaphore. Quel participe passé valorise-t-elle ? S'accorde-t-il avec quelque chose ?**

....
....
....
....
....
....
....

d. **Rédigez un paragraphe de commentaire relatif à l'emploi des participes passés.**

....
....
....
....
....
....
....
....
....
....
....
....
....
....
....
....
....

Atelier d'expression

Racontez la visite d'un lieu que vous avez découvert en commençant par *J'ai vu*.

ORAL **Formulez trois phrases de suite dont la syntaxe vous conduira à accorder des participes passés.**

17 Conjuguer les temps de l'indicatif

Découvrir

1

Un Loup qui commençait d'avoir petite part
Aux Brebis de son voisinage,
Crut qu'il fallait s'aider de la peau du renard
Et faire un nouveau personnage.
Il s'habille en Berger, endosse un hoqueton[1],
Fait sa houlette[2] d'un bâton.

Jean de La Fontaine, « Le loup devenu berger » (1692).

1. Manteau. 2. Bâton de berger.

Repérer

a. **Soulignez les verbes à l'indicatif.**
b. **Indiquez à quels temps ils sont conjugués.**

....

....

....

Manipuler

a. **Récrivez le premier vers du poème au plus-que-parfait. Quelle nuance ce temps apporte-t-il ?**

....

....

....

....

b. **Changez le temps des deux derniers vers et dites lequel vous avez choisi.**

....

Rédiger

Expliquez le choix du présent à la fin de l'extrait.

....

....

....

Retenir

Temps simples de l'indicatif	Formation		
	Verbes	**Terminaisons**	**Exemples**
Présent	• 1er groupe • 2e groupe • 3e groupe • Irrégularités : - *pouvoir, valoir, vouloir* - *mettre, battre* - *venir, tenir*	*e, es, e, ons, ez, ent* *is, is, it, issons, issez, issent* *s, s, t, ons, ez, ent* *x, x, t, ons, ez, ent* *ts, ts, t, tons, tez, tent* *iens, iens, ient, enons, enez, iennent*	*Je chante.* *Je finis.* *Je sais.* *Je peux.* *Je mets.* *Je viens.*
Imparfait	• 1er, 2e et 3e groupes • Verbes en *cer* et *ger* : radical terminé par ç et *ge* devant *-a*	*ais, ais, ait, ions, iez, aient*	*Je chantais.* *Je lançais,* *Je mangeais.*
Passé simple	• 1er groupe • 2e groupe et verbes en *-ire, -uire, -dre, -tre* • Verbes en *-oir* ou *-re* • Verbes *tenir* et *venir* • Verbes irréguliers fréquents : *naître, vivre, voir, faire*	*ai, as, a, âmes, âtes, èrent* *is, is, it, îmes, îtes, irent* *us, us, ut, ûmes, ûtes, urent* *ins, ins, int, înmes, întes, inrent* → **Accent circonflexe à la 1re et 2e personnes du pluriel.**	*Je chantai.* *Je finis.* *Je dus.* *Je vins.* *Nous naquîmes,* *Vous fîtes.*
Futur	• 1er et 2e groupes • 3e groupe	Infinitif + *ai, as, a, ons, ez, ont* Radical irrégulier possible	*Je chanterai.* *Devoir : je devrai.*

Temps composés de l'indicatif	*être* ou *avoir* + participe passé	Exemples
Passé composé	auxiliaire au **présent**	*J'ai chanté.*
Plus-que-parfait	auxiliaire à l'**imparfait**	*J'avais chanté.*
Passé antérieur	auxiliaire au **passé simple**	*J'eus chanté.*
Futur antérieur	auxiliaire au **futur**	*J'aurai chanté.*

Voir **Les conjugaisons** (p. 90).

Pratiquer

2 **Conjuguez les verbes au présent de l'indicatif.**

1. Les enfants (croire) .... qu'il va neiger.
2. Tu (créer) .... de magnifiques bouquets !
3. Il (conclure) .... toujours ses discours sur une note positive.
4. Tu m'(envoyer) .... trop de messages !
5. Elle (résoudre) .... ses équations.
6. Tous les matins, je (prendre) .... des vitamines.

3

Mais, aussitôt que venait la nuit, il se levait et se traînait vers la porte du jardin, en heurtant les murs. Puis, quand il avait passé dehors les quelques minutes qu'il lui fallait, il rentrait, s'asseyait sur son derrière devant le fourneau encore chaud, et, dès que ses deux maîtresses étaient parties se coucher, il se mettait à hurler.

Guy de Maupassant, *Une vie* (1883).

a. Récrivez en mettant au passé simple les verbes à l'imparfait. Attention à la concordance des temps.

b. Quel est l'effet produit ?

c. Surlignez les occurrences du temps verbal utilisé en alternance avec l'imparfait. Quelle est sa valeur ?

4 **Vers le commentaire**

Phèdre, épouse du roi Thésée, avoue son amour pour son beau-fils, Hippolyte.

Mes yeux ne voyaient plus, je ne pouvais parler ;
Je sentis tout mon corps et transir et brûler.
Je reconnus Vénus et ses feux redoutables,
D'un sang qu'elle poursuit tourments inévitables.
Par des vœux assidus[1] je crus les détourner :
Je lui bâtis un temple, et pris soin de l'orner ;
De victimes moi-même à toute heure entourée,
Je cherchais dans leurs flancs[2] ma raison égarée :
D'un incurable[3] amour remèdes impuissants !
En vain sur les autels ma main brûlait l'encens !

Jean Racine, *Phèdre*, I, 3 (1677).

1. Prières répétées. 2. Lisais le futur dans les entrailles de bêtes sacrifiées. 3. Qu'on ne peut pas soigner.

a. Quel est le temps verbal employé dans les vers 2, 3, 5 et 6 ? Mettez ces groupes verbaux à la première personne du pluriel.

b. Décrivez au présent l'impuissance de Phèdre, en proie à ses sentiments. Employez les verbes *contraindre, employer, montrer, maîtriser, opposer.*

Atelier d'expression

Poursuivez ce début de récit en une dizaine de lignes :
Ils étaient déjà assis quand Léo entra dans la pièce, ils avaient tout préparé…

ORAL **Racontez une rencontre inattendue au passé simple et à l'imparfait.**

18 Conjuguer les temps du conditionnel

Découvrir

1

Quand on voyage <u>on devrait fermer les yeux</u>
Dormir
J'aurais tant voulu dormir
Je reconnais tous les pays les yeux fermés à leur odeur
Et je reconnais tous les trains au bruit qu'ils font

Blaise Cendrars, *La Prose du Transsibérien et de la petite Jehanne de France* (1913).

Repérer

Surlignez les deux verbes conjugués au conditionnel. Sont-ils au même temps ? Expliquez leur formation.

....

....

....

....

Manipuler

a. Récrivez au futur simple la proposition soulignée.

....

b. *Si j'entends le Transsibérien, je le reconnaîtrai.* Récrivez cette phrase en respectant la concordance des temps.

Si j'entendais le Transsibérien, ...

Si j'avais entendu le Transsibérien, ...

Rédiger

***J'aurais tant voulu…* Poursuivez cette phrase en exprimant différents regrets.**

....

....

....

Retenir

Valeurs		
Futur	Dans une phrase au passé.	*Il m'a prévenu qu'il <u>partirait</u> vite* (équivalent au présent : *Il me prévient qu'il partira bientôt*).
Potentiel	Action envisageable (en fonction du contexte).	*S'il le voulait, il <u>pourrait</u> partir.* (*Il se peut qu'il parte, s'il le veut*).
Irréel du présent	Action inenvisageable (en fonction du contexte).	*S'il le voulait, il <u>pourrait</u> partir.* (*Il ne partira pas car il ne le veut pas*).
Irréel du passé	Action inenvisageable.	*S'il l'avait voulu, il <u>aurait pu</u> partir.* (*Il n'est pas parti car il ne le voulait pas*).
Respect	Formule de politesse.	*Pourriez-vous me donner l'heure, s'il vous plaît ?*

Conjugaison		
Temps	**Formation**	**Exemples**
Conditionnel présent	**Radical du verbe au futur simple + terminaisons** (*-rais, -rais, -rait, -rions, -riez, -raient*).	1er groupe : *j'aimerais.* 2e groupe : *je réussirais.* 3e groupe : *je prendrais.*
Conditionnel passé	**Auxiliaire** (*être / avoir*) **au conditionnel présent + participe passé**	1er groupe : *j'aurais aimé.* 2e groupe : *j'aurais réussi.* 3e groupe : *j'aurais pris.*

- Des verbes courants ont des **radicaux irréguliers** : *aller* (*j'irais*), *vouloir* (*je voudrais*), *pouvoir* (*je pourrais*), *voir* (*je verrais*), *venir* (*je viendrais*), *tenir* (*je tiendrais*).
- À la 1re personne du singulier, **ne confondez pas** :
  - le futur simple : *Je viendr<u>ai</u> demain, comme promis.*
  - le conditionnel présent : *Je viendr<u>ais</u> dès demain si je le pouvais.*

L'oral doit distinguer ces deux formes (é fermé au futur, è ouvert au conditionnel).

Voir **Les conjugaisons** (p. 90).

Pratiquer

2 **Conjuguez les verbes entre parenthèses au temps du conditionnel qui convient.**

1. (Accepter) .... -vous de dîner avec moi ce soir ?

2. Dommage que tu aies oublié de réviser le dernier point du cours, je suis sûr que tu (obtenir) .... la note maximale.

3. Si elle nous l'avait demandé, nous l'(aider) .... ; elle (devoir) .... nous prévenir !

4. Selon les témoins, l'automobiliste (perdre) .... le contrôle de son véhicule.

5. Il (falloir) .... que tu passes chez moi demain : nous (pouvoir) .... regarder ce film ensemble.

6. Il déclara qu'il ne (rester) .... pas plus longtemps, et qu'il (se plaindre) .... à la direction.

7. J' (aller) .... volontiers visiter cette exposition : est-ce que vous m'(accompagner) .... ?

3 **Vers le commentaire**

C'était le mois prochain qu'ils devaient s'enfuir. Elle partirait d'Yonville comme pour aller faire des commissions à Rouen. Rodolphe aurait retenu les places, pris des passeports, et même écrit à Paris, afin d'avoir la malle entière jusqu'à Marseille, où ils achèteraient une calèche et, de là, continueraient sans s'arrêter, par la route de Gênes. [...] Et, dans tout cela, jamais il n'était question de son enfant.

Gustave Flaubert, *Madame Bovary* (1857).

a. Surlignez les verbes correspondant aux préparatifs du voyage. Quel personnage s'en charge, et quel temps est utilisé ?

....

....

....

....

b. Soulignez les verbes conjugués au conditionnel présent. Quelle vision du voyage montrent-ils ?

....

....

....

....

c. Comment interprétez-vous le retour à l'indicatif dans la dernière phrase ?

....

....

....

....

....

d. Rédigez un paragraphe de commentaire portant sur l'emploi du conditionnel dans cet extrait.

Dans cet extrait, le projet de fuite des amants est évoqué au ....

....

....

.... Tout est soigneusement organisé comme le suggèrent les verbes conjugués au ....

....

....

....

.... Les verbes au conditionnel présent tels ....

....

....

....

.... Mais la dernière phrase à l'imparfait de l'indicatif ....

....

....

....

....

Atelier d'expression

Si j'étais un pays, je serais... **Développez votre évocation poétique en utilisant de nombreux verbes au conditionnel.**

ORAL **Imaginez un jeu de rôles permettant d'utiliser le conditionnel de politesse dans différentes circonstances : demande de précision au moment d'un entretien d'embauche, requête d'un délégué auprès du proviseur lors d'un conseil de classe...**

19 Conjuguer à l'impératif et au subjonctif

Découvrir

1

HERMIONE [à Oreste]
Que m'importe, Seigneur, sa haine, ou sa tendresse ?
Allez contre un rebelle armer toute la Grèce ;
Rapportez-lui le prix de sa rébellion.
Qu'on fasse de l'Épire[1] un second Ilion[2].
Allez. Après cela, direz-vous que je l'aime ?

Jean Racine, *Andromaque*, II, 2 (1667).

1. Royaume grec. 2. Autre nom de Troie.

Repérer

a. **Soulignez l'anaphore.**

b. **À quel mode et quel temps verbal est-elle conjuguée ?** ....

c. **Quel autre verbe est conjugué de la même façon ?** ....

Manipuler

a. **Au vers 4, remplacez le pronom *on* par *nous*. Employez-vous le même mode verbal ?**

....

....

b. **Déduisez-en la règle s'appliquant à l'emploi de certaines personnes de l'impératif.**

....

....

Rédiger

Faites tutoyer Oreste par Hermione (v. 2, 3, 5).

....

....

....

Retenir

L'**impératif**, mode de l'**injonction** (ordre, souhait), et le **subjonctif**, mode de la **supposition**, sont complémentaires.

- **Conjugaison de l'impératif**

Groupes	Formation	Terminaisons
1er (*crier*)	• **Radical de l'indicatif présent** : *cri-* • Perte du -s de la 2e du singulier : *chante*	-e -ons, -ez
2e (*choisir*)	• **Radical de l'indicatif présent :** - *chois-* (2e du singulier) - *choisiss-* (1re et 2e du pluriel)	-is -ons, -ez
3e (*vivre*)	• **Radicaux de l'indicatif présent** : - *v-* (2e du singulier) - *viv-* (1re et 2e du pluriel)	-is -ons, -ez

! L'impératif peut s'exprimer à la **3e personne, conjuguée au subjonctif** : *Qu'il(s) crie(nt) !*

- **Conjugaison du subjonctif**

Temps	Groupes	Formation	Terminaisons
Présent (très employé)	1er (*crier*)	• Sur le radical de l'**indicatif présent** : *je crie* → *que je cri-e*	- e - es - e - ions - iez - ent
	2e (*choisir*)	• Sur le radical de l'**indicatif imparfait** : *je choisi-ss-ais* → *que je choisi-ss-e*	
	3e (*tenir, vivre*)	• Sur radical variable : *que je **tie**nne, que nous **ten**ions* *que je **viv**e, que nous **viv**ions*	
Imparfait (utilisé seulement à l'écrit)	1er (*crier*) 2e (*choisir*) 3e (*vivre*)	• Sur radical du **passé simple** (voyelle caractéristique : 1er gr. = *a* ; 2e gr. = *i* ; fréquemment au 3e gr. = *u*) : *que je cri-a-sse* *que je chois-i-sse* *qu'il vécû-t, qu'ils vécu-**ss**-ent*	-sse -sses -^ t - ssions - ssiez - ssent

! Deux temps verbaux composés ne s'emploient **qu'à l'écrit** :
- le **subjonctif passé** : auxiliaire *être* ou *avoir* au subjonctif présent + participe passé (*que j'aie choisi*) ;
- le **subjonctif plus-que-parfait** : auxiliaire au subjonctif imparfait + participe passé (*que j'eusse choisi*).

Pratiquer

2

> Sachons, à cela près, puisque c'est chose faite.
> (Corneille, *Le Menteur*)
>
> Dites-nous ce que c'est que ce mystère-ci.
> (Molière, *L'École des femmes*)
>
> Finissons tout cela, Monsieur ; c'en est assez.
> (Molière, *Le Tartuffe*)
>
> Hé ! repoussez, Madame, une injuste terreur !
> (Racine, *Phèdre*)

a. Surlignez les verbes à l'impératif.

b. Identifiez la personne de chaque impératif.

....

....

....

c. Conjuguez chaque forme aux deux autres personnes de l'impératif.

....

....

....

....

d. Transposez ces phrases injonctives au subjonctif à la 3e personne du singulier (*il* ou *elle*).

....

....

....

3

> Si avancée que fût la nuit et si peu sûres que fussent les rues à cette époque, aucun accident n'arriva à l'aventureux prince par le chemin, et il arriva sain et sauf devant la masse colossale du vieux Louvre [...].
>
> Alexandre Dumas, *La Reine Margot* (1845).

a. Identifiez le temps verbal souligné.

....

b. Transformez une des propositions comportant ce temps verbal en souhait formulé par une connaissance de *l'aventureux prince*. Quel temps verbal employez-vous ?

....

....

c. Récrivez cette phrase à l'indicatif présent. Transformez les autres formes verbales, et si besoin les repères temporels.

....

....

....

....

....

d. Reformulez les propositions subordonnées en commençant par la conjonction *même si*.

....

....

e. Quelles formes verbales ont été modifiées ? De quel verbe s'agit-il ? À quel temps, quel mode et quelle personne était-il conjugué ?

....

....

....

4 Vers le commentaire

Conjuguez les verbes indiqués entre parenthèses et justifiez le mode employé.

Il ne semble pas que cette métaphore (avoir) .... pour but de valoriser ce contexte : ....

....

Ce champ lexical, quoiqu'il ne (comprendre) .... que quatre mots, est représentatif de l'atmosphère mélancolique du poème : ....

....

Bien qu'il (adoucir) .... la tonalité tragique de cette scène, ce mot a une connotation négative :

....

....

Ne pourrions-nous pas penser qu'il (s'agir) .... d'une interprétation hâtive de l'interlocuteur ? :

....

....

....

....

Atelier d'expression

Va, cours, vole et nous venge, **crie Don Diègue, désireux de se venger en faisant appel à son fils (Corneille, *Le Cid*, I, 5). Dans un récit se déroulant aujourd'hui, utilisez la forme de cette phrase (quatre impératifs successifs) afin d'exprimer un souhait à satisfaire au plus vite.**

ORAL **Critiquez un film que vous avez vu, en commençant par *Je ne pense pas que,* en utilisant la formule *le fait que*, en exprimant l'opposition et la concession (*bien que, quoique*).**

20 Choisir entre phrases verbales et non verbales

Découvrir

1 Ah çà ! dis-je à la jeune Bohême[1], ce monsieur malade est-il votre mari ? – Non. – Votre frère ? – Non. – Votre amoureux ? – Non. – Qu'est-ce qu'il est donc ? – Il est chasseur. Voilà tout.

Gérard de Nerval, *Voyage en Orient* (1851).

1. Femme originaire de la région de Prague.

Repérer

a. **Soulignez les verbes conjugués. Combien reste-t-il de phrases non verbales ?**

....

b. **Dans quelles phrases nominales un verbe est-il sous-entendu ? Expliquez.**

....

....

c. **Surlignez les phrases strictement nominales.**

Manipuler

Dans quelle phrase pouvez-vous supprimer un verbe sans la transformer en phrase non verbale ?

....

....

Rédiger

Quel est l'intérêt des nombreuses phrases non verbales ?

....

....

....

....

....

....

....

Retenir

Définitions		Usages
Phrase verbale	Phrase organisée autour d'un verbe conjugué	Langage courant, à l'écrit comme à l'oral.
Phrase non verbale	Phrase sans verbe conjugué, organisée autour d'un mot	Répliques courtes (théâtre), titres, slogans (affiches), style journalistique (notes)…
Syntaxe de la phrase verbale		**Exemples**
Phrase minimale	• **Sujet + verbe** • **Sujet + verbe +** **- attribut** **- COD /COI**	*Il mange.* *Il semble affamé.* *Il a envie d'un bon dessert.*
Phrase enrichie	• **Phrase minimale +** **- compléments circonstanciels** **- COD + COS**	 *Le soir, elle dîne dans son salon.* *Il sert de la soupe à sa fille.*
Phrase complexe	• **Phrase enrichie + proposition(s) subordonnée(s)**	*Elle dîne à l'extérieur alors que ses parents préfèrent manger à la maison.*
Syntaxe de la phrase non verbale		**Exemples**
Phrase minimale	• **Nom** ou **adverbe** ou **infinitif**	*Bon appétit ! Délicieusement… À savourer.*
Phrase enrichie	• **Nom + CC** • **Adverbe + pronom** • **Infinitif + CC**	*Promotion sur le petit-déjeuner !* *Délicieusement vôtre.* *À consommer avec modération.*
Phrase dévelopée	• **Énumération en gradation et/ou accumulation**	*Amuse-gueule, entrées, deux plats, fromage, salade, desserts, café, digestif : un festin !*

! L'emploi de phrases non verbales est déconseillé dans vos devoirs.

Pratiquer

2

> Dès lors, les réunions devinrent charmantes. À sept heures, madame Raquin allumait le feu, mettait la lampe au milieu de la table, posait un jeu de dominos à côté, essuyait le service à thé qui se trouvait sur le buffet. À huit heures précises, le vieux Michaud et Grivet se rencontraient devant la boutique, venant l'un de la rue de Seine, l'autre de la rue Mazarine. Ils entraient, et toute la famille montait au premier étage.
>
> Émile Zola, *Thérèse Raquin* (1867).

a. Récrivez ce texte en n'utilisant que des phrases non verbales.

....

....

....

....

....

....

....

....

....

....

....

b. Pourquoi cette transposition est-elle simple ?

....

....

....

....

....

3 **Voici des titres de récits :**

Je voudrais que quelqu'un m'attende quelque part (A. Gavalda).
Mangez-le si vous voulez (J. Teulé).
De là, on voit la mer (P. Besson).
Tout homme est une nuit (L. Salvayre).

a. En quoi leur formulation est-elle originale ?

....

....

....

....

b. Émettez une hypothèse sur leur visée.

....

....

....

....

....

....

....

....

....

....

....

....

4 **Vers le commentaire**

> Et elle s'esquiva par les corridors, laissant la vieille servante consternée. Quelque chose de grave ? Qu'est-ce qu'il pouvait bien y avoir ? Un malheur ? Mais elle n'avait plus rien de cher au monde, personne d'autre que cette unique parente.
>
> Georges Rodenbach, *Bruges-La-Morte* (1892).

a. Soulignez les phrases non verbales.

b. Quel est le mot central de ces phrases ?

....

c. Transformez-les en phrases verbales.

....

....

....

d. Quelle signification la phrase interrogative intermédiaire leur donne-t-elle ?

....

....

....

e. Quel est le sujet des phrases verbales ? À qui attribuez-vous alors l'expression des phrases non verbales ?

....

....

....

....

....

Atelier d'expression

Rédigez un paragraphe résumant votre avis sur un film, en n'utilisant qu'une phrase non verbale de type exclamatif.

ORAL **Enchaînez six phrases non verbales dont la succession brossera le portrait d'un personnage.**

21 Varier les types de phrases

Découvrir

1

Grand Dieu ! Préservez-moi ! Je l'aperçois, c'est elle ;
Elle entre. – D'où viens-tu ? Qu'as-tu fait cette nuit ?
Réponds, que me veux-tu ? Qui t'amène à cette heure ? [...]
Perfide ! audacieuse ! est-il encor possible
Que tu viennes offrir ta bouche à mes baisers ?
Que demandes-tu donc ? par quelle soif horrible
Oses-tu m'attirer dans tes bras épuisés ?
Va-t'en ! retire-toi, spectre de ma maîtresse !
Rentre dans ton tombeau, si tu t'en es levée ;
Laisse-moi pour toujours oublier ma jeunesse,
Et, quand je pense à toi, croire que j'ai rêvé !

Musset, « La Nuit d'octobre » (1850).

Repérer

a. **Surlignez l'unique phrase déclarative. Quelle information donne-t-elle ?**

....

b. **Quel type de phrase domine ensuite ? Justifiez son emploi.**

....

....

....

c. **Quelles émotions le poète exprime-t-il ? Quel type de phrase les met en valeur ?**

....

....

d. **Soulignez les phrases injonctives. Comment le poète réagit-il ?**

....

Manipuler

Transformez les phrases injonctives en phrases déclaratives.

....

....

....

....

Rédiger

Récrivez et amplifiez les phrases exclamatives *Perfide ! audacieuse !* pour en faire des phrases verbales.

....

....

....

....

Retenir

Le **type de phrase**, ou **modalité de phrase**, définit la relation que le locuteur entretient avec son destinataire.

Définition	Ponctuation
La **phrase déclarative** donne une information : *Elle entre.*	Se termine par un **point** ou des **points de suspension** : *Moi qui t'ai attendue toute la soirée...*
La **phrase interrogative** pose une question : *D'où viens-tu ?*	S'achève sur un **point d'interrogation** et peut se construire : - avec un adverbe interrogatif : *Comment oses-tu ?* - par l'inversion sujet-verbe : *Es-tu satisfaite ?* - avec la locution *est-ce que* : *Est-ce que tu comptes m'expliquer ?* À l'oral et dans certains textes modernes, le point d'interrogation suffit : *Tu comprends ?*
La **phrase exclamative** exprime une vive émotion : *Perfide !*	Se termine par un **point d'exclamation** et peut être introduite par un adverbe exclamatif : *Comme je suis heureuse !*
La **phrase injonctive** formule un ordre ou un conseil : *Va-t'en.*	Se referme sur un **point** ou un **point d'exclamation** : *Explique-toi !* Comporte un verbe à l'impératif (*Dis-moi tout*), au subjonctif (*Qu'elle parle !*) ou à l'infinitif (*Ne pas fumer*).

Pratiquer

2

Elle retira l'os ; puis, pour un si bon tour,
Elle demanda son salaire ....
Votre salaire .... dit le loup :
Vous riez, ma bonne commère ....
Quoi, ce n'est pas encor beaucoup
D'avoir de mon gosier retiré votre cou ....
Allez, vous êtes une ingrate :
Ne tombez jamais sous ma patte ....

La Fontaine, « Le Loup et la Cigogne » (1668).

a. **Complétez la ponctuation de chaque fin de phrase.**

b. **Quel type de phrase domine ? Quelle attitude du loup souligne-t-il ?**

....

....

....

c. **Étant donné le ton du loup dans le vers final, quel autre signe de ponctuation aurait-on pu employer ?**

....

....

....

3 **Vers le commentaire**

Rodolphe, l'amant d'Emma Bovary, lui écrit une lettre de rupture.

– Allons, se dit-il, commençons !

Il écrivit :

« Du courage, Emma ! du courage ! Je ne veux pas faire le malheur de votre existence… »

– Après tout, c'est vrai, pensa Rodolphe ; j'agis dans son intérêt ; je suis honnête.

« Avez-vous mûrement pesé votre détermination ? Savez-vous l'abîme où je vous entraînais, pauvre ange ? Non, n'est-ce pas ? Vous alliez confiante et folle, croyant au bonheur, à l'avenir… Ah ! Malheureux que nous sommes ! insensés ! »

Rodolphe s'arrêta pour trouver ici quelque bonne excuse.

– Si je lui disais que toute ma fortune est perdue ? ... Ah ! non, et d'ailleurs, cela n'empêcherait rien. Ce serait à recommencer plus tard. Est-ce qu'on peut faire entendre raison à des femmes pareilles !

Flaubert, *Madame Bovary* (1857).

a. **Par quel type de phrases Rodolphe amorce-t-il son dialogue avec lui-même, puis sa lettre ?**

....

....

....

b. **Quels types de phrases dominent dans cette lettre ? Justifiez leur emploi.**

....

....

....

c. **Soulignez les phrases déclaratives de Rodolphe : que disent-elles de son état d'esprit ?**

....

....

....

d. **Rédigez un paragraphe de commentaire où vous analyserez le comportement de Rodolphe dans ce passage.**

....

....

....

....

....

....

....

....

....

....

....

....

....

....

....

....

....

....

Atelier d'expression

Un fait d'actualité vous fait réagir : expliquez pourquoi en quelques lignes où vous varierez les types de phrases.

ORAL **Apprenez par cœur l'extrait de fable de La Fontaine proposé dans l'exercice 2, et récitez-le de façon à marquer, par l'intonation, les différents types de phrases.**

22 Utiliser la coordination et la juxtaposition

Découvrir

1

AMITIÉ. C'est un contrat tacite entre deux personnes sensibles et vertueuses. Je dis sensibles, car un moine, un solitaire peut n'être point méchant, et vivre sans connaître l'amitié. Je dis vertueuses, car les méchants n'ont que des complices, les voluptueux ont des compagnons de débauche, les intéressés ont des associés, les politiques assemblent des factieux, le commun des hommes oisifs a des liaisons, les princes ont des courtisans ; les hommes vertueux ont seuls des amis.

Voltaire, *Dictionnaire philosophique* (1764).

Repérer

a. Surlignez les conjonctions de coordination.

b. Soulignez le verbe conjugué de chaque proposition.

c. Quels signes de ponctuation délimitent les propositions ?

....

Manipuler

a. Quelle conjonction de coordination exprime la cause ? Quelle conjonction de subordination aurait la même valeur ?

....

b. Quelles conjonctions de coordination pourraient remplacer celles du texte ?

....

Rédiger

Complétez la thèse de Voltaire par un argument, en utilisant trois conjonctions de coordination différentes.

Les hommes vertueux ont seuls des amis ....

....

....

....

....

Retenir

Les propositions juxtaposées et les **coordonnées** sont des propositions indépendantes, et placées côte à côte. Les liens entre propositions diffèrent.

Propositions	Lien entre les propositions	Exemples
• **juxtaposées**	• Relation logique implicite • Ponctuation : - **virgule** (,) - **point-virgule** (;) - **point** (.) • La **parataxe** (juxtaposition créant un rythme vif) relève des **figures de rhétorique**	*Il nage, il court.* *Il nage ; il court.* *Il nage. Il court.* *Il aime courir ; il déteste nager.*
• **coordonnées**	• Relation logique explicite • **Conjonctions de coordination :** - **mais** (opposition) - **ou** (alternative) - **et** (addition, succession, opposition…) - **donc** (conséquence, conclusion) - **or** (nuance, précision). S'ajoute à un point ou un point-virgule (propositions à la fois coordonnées et juxtaposées) - **ni** (négation, équivalent négatif de *et*) - **car** (cause, explication) • **Adverbes coordonnants :** - **puis** (souvent additionné à *et*) - **tantôt… tantôt**	*Il nage, mais il ne court pas.* *Tu nages ou tu cours ?* *Elle marche et elle court* (succession). *Il skie, donc il aime la neige et la montagne.* *Tu es en retard. Or, tu ne cours pas.* *Vous ne nagez ni ne skiez.* *Il ne nage pas car il a peur de l'eau.* *Il nage, (et) puis il court.* *Tantôt il randonne, tantôt il skie.*

Pratiquer

2 **Ajoutez des conjonctions de coordination ou adverbes dans cet extrait de dissertation.**

Le théâtre est une forme de spectacle qui rayonne aujourd'hui, ... qui existe depuis l'Antiquité. .... la comédie, depuis lors, tend à divertir et instruire les spectateurs. On peut .... affirmer que la fonction critique de l'art dramatique n'est pas nouvelle. .... c'est le rire qui l'emporte, ... c'est la peinture des mœurs, ... les dramaturges ont recours à la farce la plus grossière .... au contraire recherchent davantage de subtilité dans le langage et l'intrigue.

3

> Ne vous plaignez pas de ce que vous êtes gourmand : car cette passion est une source de plaisirs continuels ; mais sachez la faire servir à votre bonheur : cela vous sera aisé en restant chez vous, et en ne vous faisant servir que ce que vous voulez manger.
>
> Madame du Châtelet, *Discours sur le bonheur* (1779).

a. Surlignez les conjonctions de coordination.

b. Quelles relations logiques expriment-elles ?

....

....

....

c. Ces conjonctions supprimées, le sens du texte change-t-il ? Justifiez votre réponse.

....

....

....

....

....

d. Quelle conjonction de coordination pourrait-on ajouter entre *bonheur* et *cela* ? Expliquez.

....

....

4 **Vers le commentaire**

> Les jockeys, en casaque de soie, tâchaient d'aligner leurs chevaux et **les retenaient à deux mains**. Quelqu'un abaissa un drapeau rouge. Alors, tous les cinq, se penchant sur les crinières, partirent. Ils restèrent d'abord serrés en une seule masse ; bientôt elle s'allongea, se coupa ; celui qui portait la casaque jaune, au milieu du premier tour, faillit tomber ; longtemps il y eut de l'incertitude entre Filly et Tibi ; puis Tom Pouce parut en tête ; mais Clubstick, en arrière depuis le départ, les rejoignit et arriva premier, battant Sir Charles de deux longueurs ; ce fut une surprise ; on criait ; les baraques de planches vibraient sous les trépignements.
>
> Gustave Flaubert, *L'Éducation sentimentale* (1869).

a. Montrez quel type de relation entre propositions domine.

....

....

....

b. Quel est l'effet de cette syntaxe ?

....

....

....

c. Quelle fonction n'est pas répétée dans le passage en gras ?

....

d. Soulignez deux autres propositions où figure ce procédé. Quels mots sont supprimés ?

....

....

e. Commentez l'effet produit par la conjonction surlignée.

....

....

....

....

....

....

....

....

Atelier d'expression

Résumez un article de journal en utilisant les sept conjonctions de coordination.

ORAL **Improvisez un texte poétique dans lequel vous n'utiliserez que des phrases simples juxtaposées, de manière à produire un effet de mouvement.**

23 Employer les subordonnées relatives

Découvrir

1 Un homme âgé, pâle, grêle, sec et effilé, qui suivait la troupe en silence et à l'écart, et que je n'avais pas encore remarqué, accourut, et glissant la main dans la poche étroite de son antique juste-au-corps[1] de taffetas gris cendré, en tira un petit portefeuille, l'ouvrit, et avec la plus profonde révérence présenta à la dame ce qu'elle demandait. Elle accepta ce service avec distraction, et sans adresser le plus léger remerciement à celui qui le lui rendait.

Adalbert von Chamisso, *L'Étrange Histoire de Peter Schlemilh* (1814), traduit de l'allemand par H. von Chamisso.

1. Vêtement serré à la taille.

Repérer

a. **Surlignez les pronoms relatifs. Soulignez leurs antécédents.**

b. **Citez les verbes des subordonnées relatives.**

....

....

Manipuler

Après *écart*, ajoutez une subordonnée relative introduite par *auquel* et complétant *un homme*.

....

....

Rédiger

Commentez le rôle des relatives, en employant à votre tour une relative.

....

....

....

....

....

....

Retenir

	Relative avec antécédent	Relative sans antécédent
Définition	• Expansion du groupe nominal : *Le tableau dont je te parle est au Canada.* • Elle peut-être : - **déterminative** (indispensable pour le sens de l'antécédent) : *Allons au musée le jour où tu es libre.* - **explicative** (facultative, portant sur un détail, **entre virgules**) : *Allons au musée, qui est fermé le lundi.*	• Proposition fonctionnant comme un GN : *Ce que j'aime en art te déplaît.*
Classe du relatif	• **Pronom relatif** (*qui, que, quoi, dont, où, lequel, quiconque…*) reprenant un **antécédent** (nom, pronom, GN, adverbe de lieu…).	• **Locution pronominale** (antécédent pronominal + pronom relatif : *ce que, ce qui, ceux qui…*).
Fonctions possibles	• **Épithète** de l'antécédent : - **liée** : *La maison où a vécu Rubens se visite.* - **détachée** : *La maison de Rubens, qui est accessible en bus, se visite.* • **Épithète à valeur de CC** : *Mon frère, qui ne va jamais au musée, ne connaît rien à l'art.* (cause)	• **Sujet** : *Qui aime Picasso, aime le cubisme.* • **Attribut** : *La sculpture est ce que je préfère.* • **COD** : *Il peint ce qu'il aime.* • **COI** : *Le guide parle à qui l'écoute.* • **Complément d'agent** : *Ce musée est aimé par quiconque aime l'art.* • **CC** : *Quoi que cette galerie expose, il aime.* (concession)

Ne confondez pas :
- la fonction de la **relative** et la fonction du **pronom relatif** :
Ce tableau que tu as acheté est superbe : relative épithète de *tableau* ; *que* COD de *as acheté* ;
- le pronom relatif ***quoi que*** et la conjonction de subordination ***quoique*** :
Quoi que peigne Munch, c'est angoissant.

Pratiquer

2 **Surlignez les expansions du nom, puis remplacez-les par des relatives. Variez vos pronoms relatifs !**

C'est un endroit plaisant : ....

Le métier de ton ami est intéressant : ....

La maison de mes rêves est un chalet alpin : ....

Ce sommet inaccessible se voit de loin : ....

3 **Surlignez les relatives et complétez**

	Fonction du relatif	Fonction de la relative
Une œuvre courte dont le propos est satirique est un pamphlet.		
Molière, à qui le roi adressait des louanges, a été censuré.		
Montaigne vivait à l'époque où les guerres de religion faisaient rage.		
L'essai que Camus a intitulé Le Mythe de Sisyphe traite de l'absurde.		

4 **Vers le commentaire**

J'ose vous le dire, Mathilde, votre religion n'a point exigé de sacrifice qui puisse surpasser celui que je fais pour vous ; et Dieu, qui lit dans les cœurs, Dieu, qui sait la douleur que j'éprouve, estime dans sa bonté, cet effort ce qu'il vaut. Oui, j'ose vous le répéter, quand j'aime mieux mourir qu'avoir à me reprocher vos douleurs, j'ai plus qu'expié mes fautes ; je me crois supérieure à celles qui n'auraient point les sentiments dont je triomphe.

Germaine de Staël, *Delphine* (1802).

a. Surlignez pronoms relatifs et locutions pronominales introduisant des relatives.

b. Soulignez les antécédents.

c. *Puisse* est au subjonctif présent : pourquoi ?

....

....

d. Relevez deux relatives explicatives. Comment les reconnaît-on ? Quel est leur antécédent ?

....

....

....

e. Quelle est la valeur circonstancielle de ces relatives ?

....

f. Relevez trois relatives subordonnées à des relatives. Précisez la fonction des pronoms relatifs.

....

....

....

....

....

g. Expliquez l'effet produit par les nombreuses relatives.

La narratrice emploie plusieurs relatives afin de justifier ....

....

....

....

....

....

....

Atelier d'expression

Montaigne a écrit : *Les abeilles [butinent] deçà delà les fleurs, mais après en font le miel qui est entièrement leur.* **Expliquez cette métaphore de l'activité intellectuelle, en utilisant trois relatives. Variez les pronoms relatifs.**

ORAL **Complétez à plusieurs cet incipit en ajoutant chacun une relative créant chaque fois une atmosphère différente :** *Jules avait hérité d'un vieil oncle une maison…*

24 Utiliser les subordonnées circonstancielles

Découvrir

1 Je le répète avec une certitude plus véhémente : **la vérité est en marche et rien ne l'arrêtera**. C'est d'aujourd'hui seulement que l'affaire commence, puisque aujourd'hui seulement les positions sont nettes : d'une part, les coupables qui ne veulent pas que la lumière se fasse ; de l'autre, les justiciers qui donneront leur vie pour qu'elle soit faite. Je l'ai dit ailleurs, et je le répète ici : quand on enferme la vérité sous terre, elle s'y amasse, elle y prend une force telle d'explosion, que, le jour où elle éclate, elle fait tout sauter avec elle.

Émile Zola, « J'accuse » (1898).

Repérer

a. Donnez la fonction grammaticale des propositions soulignées.

b. Quelle relation logique exprime chacune d'entre elles ?

Manipuler

a. Remplacez la conjonction de subordination *quand* par une autre de sens équivalent.

b. Quelle relation logique unit les propositions en gras ? Remplacez la conjonction qui les relie.

Rédiger

Comment les subordonnées circonstancielles traduisent-elles la certitude de Zola sur la vérité ?

Retenir

- **Subordonnée circonstancielle = subordonnée conjonctive** (introduite par une conjonction de subordination).
- Fonction : **complément circonstanciel** du verbe de la principale.

Relations logiques	Conjonctions de subordination	Modes de la subordonnée	Exemples
Cause	*Parce que, puisque, vu que, comme, étant donné que*	Indicatif	*Je suis en retard parce que mon réveil n'a pas sonné.*
Conséquence	*Si bien que, de telle sorte que, tellement / tant… que*	Indicatif	*Elle a tant étudié que sa mention n'est pas surprenante.*
Temps	*Quand, lorsque, pendant que, depuis que, avant que, après que, dès que, aussitôt que*	Indicatif (sauf pour *avant que* suivi du subjonctif)	*Lorsqu'elle est arrivée, tout était prêt.*
But	*Pour que, afin que, de peur que*	Subjonctif	*Confie-moi tes tracas afin que je puisse t'aider.*
Condition	*Si, suivant que, selon que*	Indicatif	*Si ce tome te plaît, tu pourras lire le suivant.*
	Pourvu que, à moins que, à condition que	Subjonctif	*Tu poursuivras cette saga, à condition que ce tome t'ait plu.*
Concession	*Bien que, quoique, encore que*	Subjonctif	*Bien qu'il ait neigé, mon train n'a pas de retard.*

Pratiquer

2 **Remplacez les CC soulignés par une subordonnée de sens équivalent.**

1. Elle a maintenu la course malgré la pluie : bien qu'il pleuvait

2. À cause de son retard, j'ai manqué la séance de cinéma : Comme elle était en retard

3. Il est prêt à tout pour la réussite de son fils : Pour que son fils réussisse

4. Pendant les vacances, il se lève tard : lorsqu'il est en vacances.

3 **Indiquez la relation logique entre les propositions, puis associez-les à l'aide d'une conjonction de subordination.**

1. Le garagiste reçoit la pièce attendue. La voiture sera prête demain. Comme le garagiste...

2. Elle a beaucoup répété. Son spectacle était réussi. Comme elle a beaucoup répété elle a réussi son spectacle

3. Elle a la grippe. Elle continue à travailler. Meme si elle a la grippe...

4. Elle a gardé les papiers de son conjoint. Il égare toutes ses affaires. Car il égare toutes ses affaires

4 **Vers le commentaire**

Alceste reproche à son ami Philinte d'être aimable avec tout le monde.

Quel avantage a-t-on qu'un homme vous caresse[1],
Vous jure amitié, foi, zèle[2], estime, tendresse,
Et vous fasse de vous un éloge éclatant,
Lorsque au premier faquin[3], il court en faire autant ?
Non, non, il n'est point d'âme un peu bien située[4],
Qui veuille d'une estime ainsi prostituée ;
Et la plus glorieuse a des régals peu chers,
Dès qu'on voit qu'on nous mêle avec tout l'univers :
Sur quelque préférence une estime se fonde,
Et c'est n'estimer rien qu'estimer tout le monde.
Puisque vous y donnez, dans ces vices du temps,
Morbleu ! vous n'êtes pas pour être de mes gens.

Molière, *Le Misanthrope*, I, 1 (1666).

1. Flatte. 2. Dévouement. 3. Homme méprisable. 4. Équilibrée.

a. Soulignez les trois subordonnées circonstancielles. Précisez leur relation logique.

b. Avec quelle autre relation logique aurait-on pu confondre les deux premières ?

c. Comment Alceste justifie-t-il sa décision de ne plus considérer Philinte comme son ami ?

Atelier d'expression

Expliquez quel métier vous plairait en employant au moins trois subordonnées circonstancielles (temps, but, cause).

ORAL **Défendez une cause qui vous tient à cœur en employant des conjonctions de subordination pour souligner les liens logiques de votre discours.**

25 Utiliser les complétives et l'interrogation indirecte

Découvrir

1

> Je dis **que** la scène est un lieu physique et concret qui demande qu'on le remplisse, et **qu**'on lui fasse parler son langage concret.
>
> Antonin Artaud, *Le Théâtre et son double* (1938).

Repérer

a. Surlignez les deux verbes de parole.

b. Combien de voix s'expriment ici ?

....

....

....

c. Quel est le rôle des éléments en gras ? À quelle classe grammaticale appartiennent-ils ?

....

....

....

....

Manipuler

a. Transposez au discours direct les propositions soulignées.

....

b. Par quel signe de ponctuation seraient-elles introduites dans la phrase ?

....

....

c. Si l'on mettait au discours direct les propos des différentes voix, qu'aurait-il fallu transposer ?

....

....

Rédiger

Reformulez avec vos propres mots la citation d'Artaud.

....

....

....

....

Retenir

Les **propositions subordonnées complétives et interrogatives indirectes** font entrer les paroles et pensées d'un personnage ou d'un auteur dans un texte narratif ou explicatif.

Subordonnées	Syntaxe	Fonctions	Exemples
• **complétives**	**Verbe introducteur** de jugement, de parole, de pensée + **conjonction *que* / *ce que***	• Exprimient les propos ou pensées du locuteur (**discours indirect**).	*J'estime, je répète, je pense que…*
		• **COD du verbe**	*J'estime que cette pièce est mal mise en scène.*
		• **COI**	*Je me réjouis de ce que cet auteur vous enchante.*
		• **Sujet**	*Que cette mise en scène m'agace ne doit pas te faire réagir ainsi.*
		• **Complément du nom**	*L'idée que ce spectacle m'ennuie m'empêche de réserver.*
• **interrogatives indirectes**	**Verbe introducteur interrogatif + conjonction *si*, ou adverbe *pourquoi***	• Posent une question au **discours indirect**.	*Je me demande si cette pièce a du succès.*

! • Verbe introducteur de jugement ou de pensée à la **forme négative** → **subjonctif** dans la subordonnée : *Je ne pense pas qu'il faille changer de décor.*

• Ne confondez pas la **conjonction** *que*, utilisée dans les complétives, avec le **pronom relatif** *que* COD des subordonnées relatives : *Il aime cette pièce que je lui ai recommandée.*

Pratiquer

2

Discours direct	Discours indirect	Type de subordonnée
Elle s'exclame : « Je ne supporte plus ses plaintes ».		
Nous nous demandons : « Cette idée est-elle la bonne ? »		
Mon intime conviction est : « Elle est coupable ».		
« Ce pays est fantastique », voilà ce que je ne crois plus.		
« Pourquoi est-ce si cher ? » voudrait-il savoir		

a. **Complétez le tableau.**

b. **Quel changement supplémentaire apporter si les verbes introducteurs sont au passé ?**

....

3 Vers le commentaire

Ce fut pendant cette course rapide que Maston mit Ardan au courant de la situation. Il lui apprit les véritables causes de l'inimitié[1] de Barbicane et de Nicholl, comment cette inimitié était de vieille date, pourquoi jusque-là, grâce à des amis communs, le président et le capitaine ne s'étaient jamais rencontrés face à face ; il ajouta qu'il s'agissait uniquement d'une rivalité de plaque et de boulet[2], et qu'enfin la scène du meeting n'avait été qu'une occasion longtemps cherchée par Nicholl de satisfaire de vieilles rancunes.

Jules Verne, *De la Terre à la Lune* (1865).

1. Haine.
2. L'un fabrique du matériel de protection, l'autre des projectiles.

a. **Soulignez les complétives en bleu et les interrogatives indirectes en rouge.**

b. **Surlignez les verbes introducteurs, puis nommez les termes qui délimitent ces subordonnées.**

....

....

c. **Transposez au discours direct les interrogatives indirectes.**

....

....

....

....

d. **Rédigez une phrase de commentaire soulignant l'intérêt dans ce texte des subordonnées complétives et interrogatives indirectes.**

....

....

....

....

e. **Sous la forme d'une interrogative indirecte, annoncez une partie de commentaire relative au point de vue du narrateur.**

....

....

....

....

Atelier d'expression

Dans un paragraphe argumenté, défendez une œuvre qui vous tient à cœur, en utilisant des subordonnées complétives dépendant de quatre verbes introducteurs : *affirmer, concevoir, estimer, penser.*

ORAL **Réagissez précisément à un événement de l'actualité en utilisant quatre fois de suite l'anaphore *Je me demande.***

26 Employer les connecteurs logiques

Découvrir

1 On a souvent dit que les défauts *légers* de nos semblables sont ceux qui nous font rire. Je reconnais qu'il y a une large part de vérité dans cette opinion, et néanmoins je ne puis la croire tout à fait exacte. D'abord, en matière de défauts, la limite est malaisée à tracer entre le léger et le grave : peut-être n'est-ce pas parce qu'un défaut est léger qu'il nous fait rire, mais parce qu'il nous fait rire que nous le trouvons léger ; rien ne désarme comme le rire.

Henri Bergson, *Le Rire* (1900).

Repérer

a. **Soulignez le connecteur logique répété qui introduit des explications.**

b. **Quel est le rôle du connecteur situé entre ces termes répétés ?**

....

....

Manipuler

a. **Proposez deux connecteurs logiques qui pourraient remplacer *néanmoins*.**

....

b. **Remplacez les mots surlignés par un connecteur logique.**

....

Rédiger

Complétez cette argumentation en utilisant trois connecteurs logiques.

.................................., Harpagon et Alceste, sont des personnages exaspérants, qui seraient insupportables dans la vie réelle ; ...., grâce au talent de Molière, ils nous amusent, ... ils sont ridicules.

Retenir

Les connecteurs logiques **mettent en relation** les arguments et les **organisent** :
Certes, ils ne sont pas les mots-clés d'un texte ; ils sont toutefois très utiles pour en assurer la cohérence.

Fonctions \ Classes	Conjonctions de coordination	Conjonctions de subordination	Adverbes	Prépositions
Classer des arguments	*Et*		*D'abord, ensuite, enfin, d'une part / d'autre part…*	
Ajouter des arguments	*Et, ni… ni* (négation)	*Outre que, ainsi que…*	*Aussi, de plus, en outre, également, puis…*	*En plus de*
Expliquer, énoncer la **cause**	*Car*	*Parce que, puisque, étant donné que, comme…*	*En effet, effectivement…*	*À cause de, en raison de, grâce à…*
Introduire une **conséquence**	*Donc*	*De (telle) sorte que, si bien que…*	*Ainsi, alors, dès lors, d'où, par conséquent…*	*Trop pour, au point de…*
Réfuter ou exprimer une **concession**	*Mais, or*	*Tandis que, alors que, sauf / bien que, quoique*	*Au contraire, cependant, en revanche, plutôt, pourtant, toutefois, certes… mais* (en corrélation)	*Au lieu de, malgré, loin de…*
Exprimer un **but**		*Afin que, pour que, de peur que…*		*Afin de, en vue de, pour…*
Effectuer une **comparaison**		*De même que, comme, de la même façon que…*	*Aussi, autant, plus, moins…*	*Autant de…*
Indiquer une **condition**		*Si, à condition que, en admettant que…*	*Seulement…*	*En cas de…*
Annoncer une **conclusion**	*Donc*		*Finalement, ainsi, en somme…*	*Au terme de…*

Connecteurs logiques introduisant des **exemples** : *par exemple, ainsi, comme, notamment, d'ailleurs…*

Pratiquer

2 La femme est bien dans son droit, et même elle accomplit une espèce de devoir, en s'appliquant à paraître magique et surnaturelle ; il faut qu'elle étonne, qu'elle charme ; idole, elle doit se dorer pour être adorée. Elle doit donc emprunter à tous les arts les moyens de s'élever au-dessus de la nature pour mieux subjuguer les cœurs et frapper les esprits. Il importe fort peu que la ruse et l'artifice soient connus de tous, si le succès en est certain et l'effet toujours irrésistible.

Charles Baudelaire, *Le Peintre de la vie moderne* (1885).

Complétez.

Connecteurs logiques	Classes	Fonctions
« et même »		
« donc »		
« pour »		
« si »		

3 **Vers la contraction de texte**

[L]e roman étant, s'il est possible de s'exprimer ...., *le tableau des mœurs séculaires*[1], est .... essentiel que l'histoire, au philosophe qui veut connaître l'homme ; .... le burin[2] de l'une, ne le peint que lorsqu'il se fait voir ; .... ce n'est plus lui ; l'ambition, l'orgueil couvrent son front d'un masque qui ne nous représente que ces deux passions, ... l'homme ; le pinceau du roman, ..., le saisit dans son intérieur... le prend quand il quitte ce masque, et l'esquisse .... intéressante, est .... bien plus vraie : .... l'utilité des romans ; froids censeurs[3] qui ne les aimez pas, vous ressemblez à ce cul-de-jatte qui disait aussi : ....*fait-on des portraits* ?

Sade, Préface des *Crimes de l'amour* (1800).

1. Des comportements au cours des siècles. 2. Outil du sculpteur. 3. Critiques.

a. Replacez dans le texte ces connecteurs logiques : *et alors, et pourquoi, et non, au contraire, voilà, ainsi, bien plus, en même temps, car, aussi.*

b. Résumez l'argumentation de Sade à l'aide de connecteurs logiques appropriés.

....

....

....

....

....

....

....

4 **Vers le commentaire**

THÉSÉE
L'âme est donc tout esclave : une loi souveraine
Vers le bien ou le mal incessamment l'entraîne ;
Et nous ne recevons ni crainte ni désir
De cette liberté qui n'a rien à choisir.

Pierre Corneille, *Œdipe*, III, 5 (1659).

a. Surlignez les connecteurs logiques.

b. Quelle est la fonction du premier connecteur ?

....

....

....

c. Montrez que ces vers définissent la tragédie, en utilisant deux connecteurs logiques.

....

....

....

....

....

....

....

Atelier d'expression

Exposez un dilemme en utilisant les connecteurs logiques appropriés.

ORAL *La suppression des notes à l'école est-elle envisageable ?*
Répondez à cette question en employant quatre connecteurs logiques différents.

27 Exprimer les relations logiques

Découvrir

1

Dans un profond mépris de lui-même, il résolut donc de ne jamais reparaître aux yeux de son parti, de s'abîmer au monde[1], de ne vivre ici-bas que comme un criminel sacré, pour faire sa peine. À cette fin, ayant trouvé du service sur quelque bord comme simple matelot, il était parvenu ensuite à gagner une côte étrangère [...].

Sainte-Beuve, *Volupté* (1834).

1. Se retirer du monde.

Repérer

a. Quelle relation logique relie le verbe conjugué de la première phrase et le GN en gras ?

....

....

....

b. Quel mot invariable confirme cette relation ?

....

....

c. Quelle relation s'exprime dans *pour faire sa peine* ? Expliquez.

....

....

Manipuler

a. Transformez le GN en gras en proposition circonstancielle.

....

b. Transformez en GN la proposition soulignée.

....

c. Déduisez les deux manières d'exprimer une même relation logique.

....

....

....

Rédiger

Récrivez la deuxième phrase en exprimant une opposition entre le projet du personnage et la réalité.

....

....

....

....

....

Retenir

Relation logique	Préposition + GN, pronom ou infinitif	Proposition subordonnée
Cause	À cause de, étant donné, vu : *Tu cours en raison de l'orage.*	Comme, étant donné que, parce que, puisque, vu que : *Parce que l'orage gronde, tu cours.*
Conséquence	Au point de, de manière à : *Tu cours de manière à lui échapper.*	Au point que, de telle façon, pour que, si bien / tant / tellement… que : *Il pleut si fort que tu t'abrites.*
But	En vue de, pour : *Tu cours pour t'abriter.*	Afin / pour que (+ subjonctif) : *Tu cours afin que ton bébé soit à l'abri.*
Comparaison	À la manière de, au lieu de, comme : *Tu cours comme moi.*	Aussi / autant / moins / plus / plutôt / de même que : *Tu cours plus vite que je ne le fais.*
Condition	À condition de : *Tu cours, à condition de trouver un abri.*	À condition que (+ subjonctif), si : *Tu courras s'il fait beau.*
Concession	Au vu de, compte tenu de : *Compte tenu du temps, tu préfères courir.*	Même si, quand bien même (+ conditionnel), sans que (+ subjonctif) : *Même s'il pleuvait, tu sortirais.*
Opposition	Au lieu de, en dépit de, malgré : *Malgré l'accalmie, tu ne cours pas !*	Alors que, bien que (+ subjonctif) : *Bien qu'il fasse beau, tu ne cours pas.*

La cause, la conséquence ou l'opposition préfèrent souvent la **coordination** à la subordination :
Tu cours car il pleut. (conjonction de coordination / cause)

Pratiquer

2 **Surlignez la relation logique, et complétez.**

Phrase	Relation logique	Reformulation
Elle chante si talentueusement que son succès est planétaire.		
Vu que les prix augmentent, je restreins mes achats.	Cause	Étant donné l'augmentation des prix…
Elle retrouvera du travail sans qu'il soit nécessaire de trop chercher.		
Malgré son âge, il lit toujours sans lunettes.		
Nous sommes enfin arrivés pour vous venir en aide.		
Si tu le veux vraiment, tu as toutes les chances de l'emporter.	Condition	À .... de vraiment le vouloir…

3 **Vers le commentaire**

Ne voyant la vie que comme un combat ; **espèce de déserteur[1] à qui les camarades même hésitent à tendre la main, tant j'ai des théories violentes qui les insultent et qui les gênent** ; ne trouvant nulle part un abri contre les préjugés et les traditions qui me cernent et me poursuivent comme des gendarmes, je ne pourrais être aimé que de quelque femme qui serait une révoltée comme moi.

Jules Vallès, *Le Bachelier* (1881).

1. Soldat fuyant ses obligations militaires.

a. Dans le passage en gras, relevez une relation de cause à conséquence. Sur quel adverbe repose-t-elle ?

....

....

....

....

b. Récrivez ce passage en plaçant la cause en première position. Soulignez la conjonction utilisée.

....

....

....

....

c. Transformez les derniers mots de la relative finale en une subordonnée circonstancielle de comparaison.

....

d. Soulignez les deux CC de cause. Quelle est leur construction ?

....

....

e. Remplacez le premier CC par une proposition circonstancielle.

....

....

f. Selon vous, quel est l'intérêt d'enchaîner ces CC ?

....

....

....

....

....

....

....

....

....

....

Atelier d'expression

Développez un raisonnement sur le thème de votre choix, en commençant par *Même si, je vous l'accorde…*

ORAL **Annoncez une nouvelle de façon solennelle puis énumérez-en les conséquences, en variant la manière de les formuler.**

28 Maîtriser la ponctuation

Découvrir

1

– Là, là… disait [Lise]. En voilà un idiot. On lui annonce qu'il n'ira plus en classe et il pleure. […]
Les larmes dessinaient des traces humides sur la pauvre face pâle et certaines, tombant du bout des cils, tambourinaient sur le traversin.
– Tu as la frousse ? demanda-t-elle.
Paul agita la tête de droite et de gauche.
– Tu aimes le travail ?
– Non.
– Alors quoi ? Zut ! ... Écoute ! (Elle lui secouait le bras.) Veux-tu, on va jouer au jeu ? Mouche-toi. Regarde. Je t'hypnotise.

Jean Cocteau, *Les Enfants terribles* (1925), © Éditions Grasset et Fasquelle.

Repérer

a. **Quels signes de ponctuation révèlent un dialogue ?**

....

....

b. **Que ressent progressivement Lise ? Comment la ponctuation le prouve-t-elle ?**

....

....

....

c. **Justifiez l'emploi des points de suspension.**

....

....

Manipuler

On lui annonce qu'il n'ira plus en classe et il pleure. **Par quel signe de ponctuation peut-on remplacer la conjonction de coordination *et* ?**

....

Rédiger

Imaginez et ponctuez de manière expressive la dernière réplique de Paul pour conclure ce dialogue.

....

....

Retenir

- **La ponctuation finale** termine la phrase et définit son intonation.

	Fonctions	Exemples
Point	Clôt une phrase déclarative.	*En voilà un idiot.*
Point d'interrogation	Marque une question.	*Aimes-tu travailler ?*
Point d'exclamation	Traduit une émotion vive.	*Zut !*
Points de suspension	Indiquent que la phrase est inachevée. Jouent sur le sous-entendu.	*Là, là…* *Alors… tu ne l'as pas revu…*

- **La ponctuation intermédiaire** fait respirer la phrase et établit des relations entre les mots ou les propositions.

	Fonctions	Exemples
Virgule	Sépare des éléments de même nature ou de même fonction dans la phrase.	*Paul était blessé, contrarié, épuisé.*
Point-virgule	Juxtapose des propositions dépendantes.	*Lise ne le comprenait plus ; elle sortit.*
Deux points	Annoncent une énumération, un dialogue ou une explication.	*Il ne fallait pas insister : son frère devait se reposer.*
Guillemets	Délimitent des propos au discours direct.	*« Comment vas-tu ?», lui demanda-t-elle.*
Tiret	Marque le changement d'interlocuteur.	*– Mieux ! répondit Paul.*
Parenthèses	Insèrent une remarque, une précision.	*Il a bien dormi (près de trois heures !).*

Pratiquer

2 Vers le commentaire

Arnolphe a demandé à ses domestiques de ne laisser entrer personne, or un jeune homme a rendu visite à sa protégée Agnès qu'il veut épouser.

ARNOLPHE
Ouf ! Je ne puis parler tant je suis prévenu :
Je suffoque, et voudrais me pouvoir mettre nu.
Vous avez donc souffert[1], ô canaille maudite,
Qu'un homme soit venu ?... Tu veux prendre la fuite !
Il faut que sur-le-champ... Si tu bouges !... Je veux
Que vous me disiez... Euh !... Oui, je veux que tous deux...
Quiconque remuera, par la mort ! je l'assomme.
Comme[2] est-ce que chez moi s'est introduit cet homme ?

Molière, *L'École des femmes*, II, 2 (1662).

1. Vous avez accepté. 2. Comment.

a. Expliquez l'emploi de l'interjection du vers 1.

....

....

....

b. Quel sentiment anime Arnolphe ? Comment la ponctuation le montre-t-elle ?

....

....

c. Quel est l'effet des nombreux points de suspension ?

....

....

d. Relevez des phrases de menace. Commentez leurs points d'exclamation.

....

....

....

....

....

....

....

....

....

3 Vers la dissertation

a. Surlignez les signes de ponctuation inappropriés dans ce paragraphe de dissertation portant sur le roman *Germinal* de Zola (1885). Proposez des corrections.

b. Complétez la phrase amorcée à la fin du paragraphe.

La peinture d'un milieu social chez Émile Zola repose toujours sur un travail préalable : d'observation et de documentation, qui lui permet d'appréhender la réalité ! L'auteur se présente d'abord comme un journaliste, il mène une véritable enquête sur le terrain pour bien connaître le milieu qu'il veut dépeindre. Et en particulier ici la condition ouvrière. Le roman Germinal présente ainsi le monde des mineurs dans le nord de la France ; la description des paysages... la précision d'un vocabulaire technique relatif aux mineurs... la restitution des mots d'argot, témoignent de ce souci réaliste. Toutefois l'auteur ne se contente pas de décrire une situation, il l'analyse en s'intéressant aussi aux comportements humains.

En romancier naturaliste, ...

....

....

....

....

....

Il faut supprimer

....

....

Il faut remplacer

....

....

....

....

....

Atelier d'expression

Ponctuez de manière expressive un court récit de votre invention, racontant une conversation animée entendue dans la rue.

ORAL **À l'occasion de son anniversaire, vous voulez rendre hommage à un ami : improvisez un bref discours, en marquant les respirations et l'intonation, comme une ponctuation forte à l'écrit.**

29 Maîtriser la valeur des temps de l'indicatif et du subjonctif

Découvrir

1

Ce que l'on conçoit bien s'énonce clairement,
Et les mots pour le dire arrivent aisément.
Surtout qu'en vos écrits la langue révérée
Dans vos plus grands excès vous soit toujours sacrée.

Nicolas Boileau, *L'Art poétique* (1674).

Repérer

a. **Soulignez les verbes à l'indicatif et surlignez le subjonctif.**

b. **Quel vers de l'extrait ressemble à une maxime ? Expliquez.**

Manipuler

Récrivez les deux derniers vers à l'indicatif présent. Qu'est-ce qui change ?

Rédiger

Comment les modes et temps utilisés soulignent-ils la valeur didactique du poème ?

Retenir

Indicatif	Mode de l'action (déjà/bientôt) réalisée	Exemples
Présent	**énonciation** : elle se déroule au moment où l'on parle	*J'arrive.*
	vérité générale : définition, proverbe…	*L'homme est un loup pour l'homme.*
	narration : récit rapprochant le lecteur	*Zoé se précipite. Elle arrive essoufflée.*
	valeur de **futur proche**	*J'y vais demain.*
	valeur de **passé proche**	*J'en sors à l'instant.*
Imparfait	**répétition** dans le passé	*Je prenais le bus chaque matin.*
	description	*La forêt était immense.*
	action de **second plan**	*Je lisais quand il sonna.*
Passé simple	action de **premier plan**	*Je lisais quand il sonna.*
	action **unique** ou **ne durant pas**	*Il prit une photo.*
Futur simple	action **certaine**, à venir	*Elle viendra dîner ce soir.*
	ordre	*Tu termineras cela pour mardi.*
Passé composé	action **achevée**, bilan	*Il a plu toute la journée.*
Plus-que-parfait	action **achevée**, antérieure aux imparfaits (même valeur : passé antérieur)	*Il avait compris quand…* *Il eut tout compris…* (passé antérieur)
	regret (avec *si*)	*Si j'avais pu le prévenir à temps !*
	irréel du passé	*S'il avait travaillé, il aurait réussi.*
Futur antérieur	**passé dans le futur**	*Tu seras déjà parti quand elle arrivera.*
Subjonctif	**Mode de l'action inaccomplie, espérée**	**Exemples**
Présent	**ordre, conseil, souhait**	*Qu'il vienne !*
	indignation	*Moi, que je vole ses stylos !*
Passé	mêmes valeurs que le présent	*Qu'elle ait réussi ne m'étonne pas !*

Les **subjonctifs imparfait et plus-que-parfait** ont des valeurs modales à l'écrit (voir p. 64).

Pratiquer

2 **Conjuguez les verbes aux modes et temps qui conviennent. Donnez leur valeur.**

1. Il (faire) .... beau ; les vagues bleues (se dérouler) .... à larges plis. (Gautier) ....
2. Longtemps, je (se coucher) .... de bonne heure. (Proust) ....
3. Ah ! (porter) .... l'on .... ailleurs les honneurs qu'on m'envoie. (Racine) ....
4. Malheureusement nous fûmes bientôt dérangés. La porte (s'ouvrir) .... tout à coup avec violence. (Mérimée). ....
5. L'orgueil (être) .... un bien / Qui (coûter) .... et ne (rapporter) .... rien. (La Fontaine) ....
6. Quand Nanon (laver) .... sa vaisselle [...] elle quittait sa cuisine. (Balzac) ....

3 **Vers le commentaire**

J'avais alors dix-neuf ans ; je n'avais éprouvé aucun malheur ni aucune maladie ; j'étais d'un caractère à la fois hautain et ouvert, avec toutes les espérances et un cœur débordant. [...] On embrasserait volontiers tous ceux qu'on voit sourire, et on se sent le frère de tout ce qui existe. Ma maîtresse m'avait donné rendez-vous pour la nuit, et je portais lentement mon verre à mes lèvres en la regardant.

Comme je me retournais pour prendre une assiette, ma fourchette tomba. Je me baissai pour la ramasser, et, ne la trouvant pas d'abord, je soulevai la nappe pour voir où elle avait roulé. J'aperçus alors sous la table le pied de ma maîtresse qui était posé sur celui d'un jeune homme assis à côté d'elle.

Alfred de Musset, *La Confession d'un enfant du siècle* (1836).

a. Indiquez le temps et la valeur des verbes soulignés.

....

b. Quel contraste le changement des temps crée-t-il entre le premier et le second paragraphe ?

Le premier paragraphe présente le contexte et le narrateur grâce à ....

Atelier d'expression

Dressez une liste de conseils à un élève qui vient d'arriver dans la classe, en employant au moins cinq verbes au subjonctif.

ORAL **À l'aide des temps passés adéquats, racontez le récit correspondant au schéma suivant.**

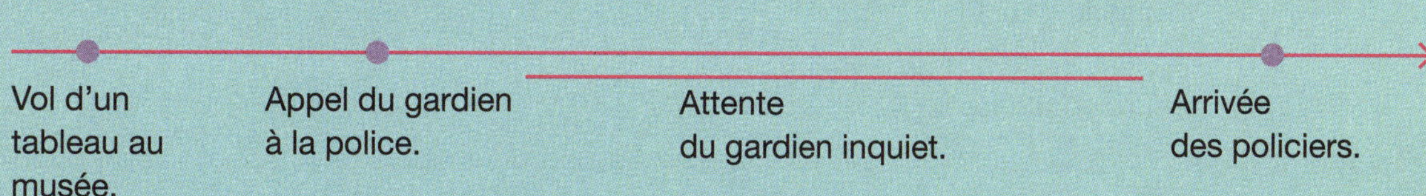

30 Maîtriser la concordance des temps

Découvrir

1 Je lui ai dit que son indiscrétion la perdrait, que son silence ferait sa fortune ; et, après les menaces dont je l'ai intimidée, après les récompenses que je lui ai promises, concevez-vous qu'elle ne se taise pas ? Y a-t-il quelque apparence qu'elle nous trahisse ? Tranquillisez-vous donc ; donnez-moi cette marque d'amitié et de confiance, ou bien je croirai à présent que c'est à cause de moi que vous pleurez tant ; **je croirai que vous rougissez** de m'avoir eu pour témoin de ce qui s'est passé [...].

Marivaux, *La Vie de Marianne* (1731).

Repérer

a. Surlignez les verbes introduisant le discours indirect. De quel type de subordonnées sont-ils suivis ? Donnez un exemple.

....

....

....

b. Soulignez les verbes au conditionnel. Pourquoi est-il employé ?

....

Manipuler

Récrivez le passage en gras avec un verbe introducteur au passé simple. Quel temps utilisez-vous dans la subordonnée ?

....

....

Rédiger

Dans ce passage au discours rapporté, à qui les paroles du narrateur s'adressent-elles ?

....

....

....

....

....

....

....

Retenir

Concordance des temps : correspondance entre le mode et le temps verbal de la proposition principale et de sa subordonnée complétive. Le temps de la subordonnée dépend de la chronologie avec la principale : **antériorité, simultanéité** ou **postériorité**.

- **Certitude (*savoir*) : indicatif dans la subordonnée.**

Principale	... *que* : complétive à l'indicatif	Exemples
Présent ou futur	Antériorité, simultanéité et postériorité : mêmes temps et modes que si elle était indépendante	*Je sais qu'il a raison.*
Passé	Antériorité : **indicatif plus-que-parfait**	*Je savais qu'il avait eu raison.*
	Simultanéité : - **indicatif imparfait** - **indicatif présent** (vérité générale)	*Je savais qu'il avait raison.* *Je savais que l'eau bout à 100 °C.*
	Postériorité : **conditionnel présent**, à valeur indicative de futur dans le passé	*Je savais qu'il aurait raison.*

- **Sentiment (*regretter*) : subjonctif dans la subordonnée.**

Principale	... *que* : complétive au subjonctif	Exemples
Présent ou futur	Antériorité : **passé** Simultanéité et postériorité : **présent**	*Je regrette qu'il soit venu.* *Je regrette qu'il vienne.*
Passé	Antériorité : - **plus-que-parfait** (soutenu) - **passé** (courant)	*Je regrettais qu'il fût venu.* *Je regrettais qu'il soit venu.*
	Simultanéité et postériorité : - **imparfait** (soutenu) - **présent** (courant)	*Je regrettais qu'il vînt.* *Je regrettais qu'il vienne.*

Pratiquer

2 **Complétez par une proposition subordonnée en respectant le rapport chronologique et la concordance des temps.**

1. Il craignit (simultanéité) ....
2. Ils dirent (antériorité) ....
3. Nous pensons (simultanéité) ....
4. Il faut (postériorité) ....
5. Le voyageur répondit (antériorité) ....

3

Ainsi ma mère, autrefois, s'inquiétait et me cherchait pour me dire : « Il faut rentrer », mais ayant pris goût à cette promenade […] elle disait seulement avec douceur : « Tu vas prendre froid ! » […].

Alain-Fournier, *Le Grand Meaulnes* (1913).

a. Transposez le discours direct au discours indirect.

b. Que deviendrait la dernière subordonnée s'il était écrit *Tu as pris froid !* ? Quelle chronologie y aurait-il entre les propositions ?

c. Sur la base de *Tu prendras froid*, récrivez au discours indirect les deux dernières lignes du texte. Quel temps verbal avez-vous employé ? Quelle est sa valeur ?

4 **Vers le commentaire**

Le comte se retrouve dans le corps d'un certain Octave, suite à la magie de Balthazar Cherbonneau.

[Le comte] courut à la toilette[1] d'Octave, remplit une cuvette d'eau et y plongea sa tête, qui sortit fumante de ce bain glacé.

Le sang-froid lui revint. Il se dit que le temps du magisme et de la sorcellerie était passé ; que la mort seule **déliait** l'âme du corps ; qu'on n'**escamotait** pas de la sorte, au milieu de Paris, un comte polonais accrédité de plusieurs millions chez Rothschild, allié aux plus grandes familles, mari aimé d'une femme à la mode, décoré de l'ordre de Saint-André de première classe, et que tout cela n'était sans doute qu'une plaisanterie d'assez mauvais goût de M. Balthazar Cherbonneau, qui s'expliquerait le plus naturellement du monde […].

Théophile Gautier, *Avatar* (1856).

1. Salle de bains.

a. Soulignez le verbe introduisant le discours indirect. À quel temps est-il ?

b. À quel autre temps pourraient être les verbes en gras ?

c. Quels sont le temps et la valeur de la dernière forme verbale ?

d. En quoi les temps verbaux de cet extrait sont-ils caractéristiques du registre fantastique, fondé sur le doute et l'hésitation ?

Atelier d'expression

Écrivez un sizain commençant par les mots *J'aimerais que*.

ORAL

Un(e) camarade était absent(e) au dernier cours de français. Racontez-lui ce que a fait en employant le discours indirect.

Découvrir

1 **Je choquais ouvertement la règle du monde. Je me détachais de lui bien sciemment** ; je devais donc trouver bon qu'il se détachât de moi dès qu'il saurait mes excentricités. Il ne les savait pas encore. […] Mais le moment pouvait venir où quelque hasard me placerait entre des mensonges que je ne voulais pas faire et des remontrances[1] que je ne voulais pas accepter.

George Sand, *Histoire de ma vie* (1855).

1. Reproches.

Repérer

a. Quelles sont les marques de modalisation dans les phrases en gras ?

....

....

....

....

b. Repérez et justifiez l'emploi des modes verbaux dans la suite du texte.

....

....

....

....

....

....

....

Manipuler

a. *Je devais donc trouver bon* : trouvez d'autres façons d'exprimer l'obligation.

....

b. *Le moment pouvait venir* : utilisez d'autres modes verbaux afin d'exprimer l'éventualité.

....

....

Rédiger

En une phrase, un proche de George Sand s'étonne qu'elle ait choisi un pseudonyme masculin pour publier ses œuvres.
Variez les modes verbaux.

....

....

....

Retenir

La **valeur modale** est ce que révèle un mode, voire un temps verbal, des **intentions** du locuteur.

Modes personnels du verbe	Analyse	Exemples
Indicatif	• Mode du réel • Certains temps ont une valeur modale quand ils expriment une intention : - l'**imparfait** atténue un énoncé ou exprime une hypothèse - le **futur simple** exprime une injonction - le **futur antérieur** exprime la probabilité	*Je veux te parler. J'ai voulu le communiquer.* *Je voulais te dire ; si tu étais d'accord…* *Tu écouteras ce que j'ai à te dire.* *Il aura oublié de te prévenir.*
Impératif	• Mode de l'ordre ou du conseil	*Écoute-moi !*
Conditionnel	• Mode de l'hypothèse : - irréel du présent - irréel du passé • Mise en débat d'un énoncé • Formulation polie	 *Si tu l'acceptais, nous pourrions discuter.* *Si tu l'avais accepté, nous aurions pu discuter.* *Tu lui aurais promis de l'appeler.* *Pourrais-tu le rappeler ?*
…onctif	• Mode du virtuel (action envisagée non réalisée)	*Il faut que nous parlions.*

…es *devoir, pouvoir* ou *savoir,* soulignant l'intention du locuteur, …t comme **semi-auxiliaires** suivis d'un **infinitif** : *Je dois admettre que tu as raison.*

Pratiquer

2 **Identifiez les modes et temps verbaux soulignés. Précisez leur valeur modale.**

1. *Je crains qu'il n'ait manqué son train.*

....

2. *Elle voudrait s'excuser de s'être emportée.*

....

3. *Prends ton manteau, nous sortons.*

....

4. *S'ils l'avaient rencontré, ils auraient été charmés.*

....

5. *Vous me corrigerez ce rapport, il est truffé d'erreurs.*

....

6. *Pourvu qu'il obtienne cet emploi !*

....

3 **Vers le commentaire**

DON JUAN, *embarrassé, leur dit à toutes deux.* – Que voulez-vous que je dise ? Vous soutenez également toutes deux que je vous ai promis de vous prendre pour femmes. Est-ce que chacune de vous ne sait pas ce qui en est, sans qu'il soit nécessaire que je m'explique davantage ? Pourquoi m'obliger là-dessus à des redites ? […] Tous les discours n'avancent point les choses ; il faut faire et non pas dire, et les effets décident mieux que les paroles. Aussi n'est-ce rien que par là que je vous veux mettre d'accord, et l'on verra, quand je me marierai, laquelle des deux a mon cœur.

Molière, *Dom Juan*, II, 4 (1665).

a. À quel mode et quel temps le verbe souligné est-il conjugué ? Justifiez son emploi.

....

....

....

....

....

b. Surlignez d'autres verbes de parole ayant pour sujet Don Juan : à quel mode sont-ils conjugués ? Justifiez.

....

....

....

....

....

....

c. Quel argument avance Don Juan pour faire patienter ces femmes ? Quel temps verbal conclut la réplique ?

....

....

....

....

....

....

d. En un paragraphe, commentez la façon dont il manipule les jeunes femmes.

....

....

....

....

....

....

....

....

....

....

....

....

....

....

....

Atelier d'expression

Adressez une lettre à un ami pour l'encourager à assumer un choix difficile. Utilisez tous les modes verbaux pour l'inciter à rester fort et décidé.

ORAL **Exprimez sur des modes variés votre désaccord avec des fausses rumeurs qui circulent sur les réseaux sociaux.**

32 Utiliser le brouillon et présenter sa copie

Découvrir

1 ~~Une heure et demie venaient de sonner à l'horloge du collège, quand le Proviseur entra dans l'étude~~, suivi d'un nouveau habillé en bourgeois et d'un garçon de classe qui portait un grand pupitre.

Gustave Flaubert, *Madame Bovary*, version corrigée de l'auteur.

Nous étions à l'Étude, **quand le proviseur entra**, suivi d'un nouveau habillé en bourgeois et d'un garçon de classe qui portait un grand pupitre.

Madame Bovary, édition définitive (1857).

Repérer

a. Quelle proposition a disparu entre les deux versions ?

....

....

b. Quel élément a été déplacé et transformé ?

....

....

c. Pourquoi, selon vous, Flaubert a-t-il souligné un GN ?

....

....

Manipuler

a. Dans l'expression en gras, ajoutez un CC de temps résumant la proposition supprimée.

....

....

b. Récrivez le texte final en commençant par *un nouveau*.

....

....

....

....

Retenir

L'écriture est un **processus** : organisez vos idées, rédigez un premier jet, puis améliorez-le par des interversions et des réécritures. Relisez en corrigeant l'orthographe.

	Brouillon	Rédaction	Relecture
Étapes de rédaction	• **1er jet** : tirets, abréviations • **Classement** : numéros, abréviations	• Phrases entières	• Amélioration
Paragraphes argumentés	• **Idées** en vrac • Préparation de chaque argument : **idée + citation(s) + explication** • **Classement des §** par ordre d'évidence	• **Alinéa + connecteur logique** • **Argument** (1 phrase) • **Exemple** (présentation + explication)	• **Mots manquants** à restituer • **Mots parasites** à effacer (adverbes subjectifs : *bien, très*…) • Répétitions à corriger • **Orthographe** à améliorer (accords…) • **Citations entre guillemets** • **Titres** à souligner (titres de poèmes, nouvelles et contes entre guillemets)
Commentaire	• **Impressions + procédés d'écriture**, en vrac • **Tableau** en 3 colonnes : **citation** (« feu »), **dénomination** (*métaphore*), **interprétation** (*amour*) → récurrences visibles • **Plan** : titres de parties et sous-parties	• **Introduction** • **Développement** : - introductions de partie - au moins **6 §** en 2 ou 3 parties - **transitions** entre parties • **Conclusion**	
Dissertation ou essai	• **Idées + références**, en vrac • **Classement des idées** par ordre d'évidence • **Ajout d'exemples** (2 par idée) • **Plan** : titres de parties et sous-parties		

Pratiquer

2 Vers le commentaire

> J'ai écrit à la reine il y a une quinzaine de jours. Elle ne me répond pas. Les princes de nos jours ont encore de ces allures. Pauvres gens qui ne savent pas même où est la force ! Ce sont des petits dont il faut avoir pitié.
>
> Victor Hugo, *Choses vues*, 12 décembre 1847.

a. Remettez dans le bon ordre les phrases du commentaire. Justifiez votre choix.

[......] En effet, l'exclamation ironique « qui ne savent pas même où est la force ! » et l'utilisation du terme « pitié » révèlent cette vision satirique de la famille couronnée. [......] L'écrivain considère donc que les grands sont de « pauvres gens », des « petits », qualificatifs peu glorieux pour parler de « la reine » qui ne lui a pas répondu. [......] Dans Choses vues, Hugo est virulent dans sa façon de considérer les personnes au pouvoir.

[1] ....

....

[2] ....

....

[3] ....

....

....

b. Où ajouteriez-vous la mention du GN *de ces allures* ?

....

....

....

....

....

c. Quel élément ajouteriez-vous au début du paragraphe s'il s'agissait du deuxième d'un développement de commentaire ?

....

3 Vers la dissertation

Rédigez un paragraphe du sujet de dissertation suivant, en vous aidant des éléments de brouillon fourni.

Sujet :La comédie classique est-elle destinée à faire rire ?

Brouillon :

- Objectif comédie = plaire + instruire.
- Ex. : Molière, *Le Malade imaginaire* (bourgeois Argan ridicule + traitements inutiles des charlatans).
- Explication : satire / prétentions sociales.

....

....

....

....

....

....

....

....

....

....

4 Vers la dissertation

Plan d'une dissertation sur *Les Fleurs du mal* de Baudelaire (1857).

I. Un recueil scandaleux

1. Des thèmes scabreux (amour libre), délicats (fascination pour le mal)
2. Un univers malsain (association sexualité-mort)
3. Des êtres choquants (démons, prostituées)

II. Une œuvre en avance sur son temps

1. Une morale ambiguë (êtres entre Bien et Mal)
2. Une poésie en liberté (sonnets irréguliers, formes orientales)
3. Des thèmes modernes (grande ville, révolution morale)

a. Quels connecteurs logiques introduiront les paragraphes de la partie I ?

....

b. Rédigez l'introduction de la partie I.

....

....

....

c. Rédigez la transition entre les parties I et II.

....

....

....

....

Atelier d'expression

Rédigez la conclusion de la dissertation sur *Les Fleurs du mal* (exercice 4).

ORAL **Faites l'éloge du brouillon en ne vous limitant pas aux travaux du bac.**

33 Insérer et commenter des citations

Découvrir

1 Derrière son sourire, Aznavour était réputé pour être facilement antipathique. Il cultivait d'ailleurs une franche amertume vis-à-vis des médias : « Des articles élogieux dans la presse, je n'en ai pas eu des masses. » « J'ai dû gagner des galons centimètre par centimètre », disait-il encore en 2003. S'il affirmait ne pas être rancunier, il ressassa longtemps les affronts des débuts où l'on fustigeait sa voix, son physique, ses chansons.

Sophie Rozemont, *Marianne*, n° 1125 (2018).

Repérer

a. **Soulignez les deux citations.**

b. **Comment sont-elles insérées dans l'article ?**

1 : ....

2 : ....

....

....

Manipuler

a. **Introduisez plus longuement la première citation en précisant l'effet de son contenu.**

....

b. **Quels propos du chanteur sont évoqués sans être cités ? Retranscrivez-les au discours direct.**

....

....

....

Rédiger

Imaginez une anecdote où des auditeurs se sont moqués du chanteur, la réaction de ce dernier et sa confidence à un journaliste. Insérez deux courtes citations.

....

....

....

....

....

....

....

....

....

....

....

Retenir

Dans un devoir, vos arguments doivent être illustrés par des citations correctement insérées.

Support du commentaire : incipit du roman *Le Ventre de Paris* (1873) de Zola

Exemples

Grâce à une métaphore, « le désert de l'avenue », et à la personnification des « maisons, endormies aux deux bords », l'auteur transforme poétiquement la ville.

Une métaphore comme « le désert de l'avenue » et une personnification, « les maisons, endormies », transforment poétiquement la ville évoquée par l'auteur.

L'auteur transforme poétiquement la ville à l'aide de deux images : « le désert de l'avenue » qui est une métaphore, et le participe passé « endormies » qui personnifie les « maisons ».

Mots présentant les citations
Citations entre guillemets
Analyse des citations
Connecteurs

→ Les citations sont présentées (« métaphore », « images ») et insérées grâce à des **connecteurs** (« grâce à », « comme », « à l'aide de »). N'utilisez pas de parenthèses pour citer, et n'allez pas à la ligne pour énumérer des exemples.

Toute modification dans une citation doit être marquée **entre crochets**. Toute suppression se note **[...]**.

Pratiquer

2 Vers le commentaire

Voici le commentaire d'un extrait de *Madame Bovary* (1857) de Flaubert.

Emma regarde les fenêtres de la salle de bal, en proie à une vision fantastique (« faces de paysans qui regardaient »). Ce spectacle réveille le souvenir de la ferme familiale où elle a vécu dans son enfance. Une image (« les terrines de lait dans la laiterie ») renforce l'aspect hostile de cet univers. De plus, l'évocation réaliste de la rude vie campagnarde (« la ferme, la mare bourbeuse, son père en blouse sous les pommiers ») contraste avec la légèreté des plats servis.

Insérez les citations laissées entre parenthèses.

Emma regarde les fenêtres de la salle de bal, en proie à une vision fantastique, celle de ....

....

Ce spectacle réveille le souvenir de la ferme familiale où elle a vécu dans son enfance. L'image ....

....

renforce l'aspect hostile de cet univers. De plus, l'évocation réaliste de la rude vie campagnarde, grâce à ....

....

contraste avec la légèreté des plats servis.

3 Vers la dissertation

a. Appuyez-vous sur les éléments d'analyse proposés pour compléter le paragraphe de dissertation en présentant et commentant les citations.

Éléments d'analyse

Argument : poésie à la Renaissance = lyrisme affirmé

> Je sens venir l'hiver, de qui la froide haleine,
> D'une tremblante horreur fait hérisser ma peau
>
> Du Bellay, *Les Regrets* (1558).

Ex. : sentiment d'exil à Rome (hyperboles)

> Je vis, je meurs : je me brûle et me noie.
> J'ai chaud extrême en endurant froidure :
> La vie m'est est trop molle et trop dure.
>
> Louise Labé, *Sonnets* (1555).

Ex. : amour malheureux (antithèses, hyperboles)

Paragraphe à compléter

À la Renaissance, la poésie lyrique exprime l'intimité dans des procédés d'écriture choisis, comme l'illustrent les figures de rhétorique employées par Du Bellay ou Louise Labé. Les .... traduisent l'intensité de leurs sentiments, telle l'image de .... grâce à laquelle le poète des Regrets confie la douleur de son exil, ou les deux adjectifs .... qu'emploie la poétesse pour résumer son existence. De fortes .... renforcent l'expressivité de l'auteure des Sonnets qui affirme, au vers 1, ...dans le premier hémistiche, puis qu'elle .... dans le deuxième.

b. Modifiez la dernière citation proposée afin qu'elle s'adapte à la phrase d'explication.

c. Définissez l'antithèse en une phrase s'appuyant sur un vers de Louise Labé non utilisé dans le paragraphe rédigé.

L'antithèse consiste à ....

....

....

....

Atelier d'expression

Dans votre carnet personnel de lecture, rédigez un paragraphe évoquant les thèmes d'une pièce lue hors temps scolaire, en insérant deux citations.

ORAL *Selon vous, quelles images la poésie utilise-t-elle pour évoquer le monde qui nous entoure ?* **Répondez en insérant une citation de poème apprise par cœur.**

34 Développer un paragraphe

Découvrir

1

La passion est donc devenue la base, ou plutôt l'axe des tragédies modernes. Au lieu de se mêler à l'intrigue pour la compliquer et pour la nouer comme autrefois, elle est maintenant la cause première. Elle naît d'elle-même et tout vient d'elle : une passion et un obstacle, voilà le résumé de presque toutes nos pièces.

Alfred de Musset, « De la tragédie » (1838).

Repérer

a. À quelle partie de l'argumentation ce paragraphe appartient-il ? Justifiez-le.

....

....

....

b. Quels sont les mots-clés de la première phrase ?

....

c. Quelle est la fonction du connecteur logique *au lieu de* ?

....

....

....

Manipuler

a. Reformulez l'idée initiale du paragraphe.

....

....

b. Reformulez l'argument qui développe cette idée.

....

....

....

Rédiger

Cherchez deux exemples illustrant cet argument. Citez-les dans une phrase complétant le texte de Musset.

....

....

....

....

....

....

....

....

....

Retenir

Un paragraphe, c'est :

- **un texte présentant une unité de sens de 10 à 20 lignes** (argument développé : réponse à une question d'analyse, brève critique, éloge…) ;
- **le maillon d'une chaîne argumentative** : sous-partie d'une dissertation, d'un essai ou d'un commentaire (voir fiche 36).

Tout d'abord, une œuvre lyrique décrit une nature idyllique propice à la rêverie et à l'évocation des souvenirs. La nature est en effet une source d'inspiration car les sensations qu'elle éveille ravivent la mémoire et font d'elle une confidente idéale. Ainsi, Rousseau, dans ses Rêveries du promeneur solitaire, relate ses balades au bord de l'eau, dans les bois ou les parcs, moments privilégiés lors desquels végétation ou animaux semblent être ses interlocuteurs. Et cette nature permet alors de révéler les sentiments profonds de l'auteur.

Introduction précise de l'argument, avec **alinéa** et **connecteur logique** si paragraphe de développement.
Justification, explication, confrontation ou concession introduite par un **connecteur logique**.
Exemples insérés, mis entre guillemets si citations, analysés.
Conclusion : clôture de l'argumentation, **transition logique** avec le paragraphe suivant (voir fiche 38).

Pratiquer

2 Art de la rue, art de la ville, le *street art* appartient à la contre-culture et permet aux artistes, anonymes ou non, d'exprimer librement leur créativité, d'égayer les façades tristes et uniformes de certains quartiers urbains. Certes, ce phénomène dérange souvent les passants peu habitués à cette prise de possession de l'espace public, ils y voient un acte de vandalisme ; mais bousculer ainsi nos habitudes est justement la raison d'être de ce moyen d'expression. De New York à Paris, de Tokyo à Buenos Aires, ces œuvres spontanées et parfois éphémères ont de quoi séduire lorsqu'elles colorent des murs d'usines désaffectées ou le bitume de nos mornes trottoirs. C'est un art qui a investi des lieux abandonnés ou chargés de souffrance comme le Mur de Berlin ou la ville désolée de Pripyat, non loin de Tchernobyl. Ces lieux symboliques, les artistes du *street art* ne veulent pas les ignorer, les oublier.

a. Quels mots signalent d'emblée un éloge ?

....

....

b. Soulignez les connecteurs logiques en corrélation qui introduisent l'argument. De quel type de raisonnement s'agit-il ?

....

....

c. Surlignez les lieux donnés en exemples. Quel est leur effet ?

....

....

d. Reformulez la conclusion.

....

....

....

e. Rédigez l'argument que pourraient avancer les détracteurs du *street art*.

....

....

....

....

....

....

....

....

3 Complétez ce paragraphe à l'aide des connecteurs logiques adaptés.

Le lecteur de romans ou de bandes dessinées peut .... prendre plaisir à suivre les mésaventures de personnages ordinaires et d'anti-héros. ...., il aura .... plus d'empathie pour un homme apparemment banal .... pour un super-héros aux pouvoirs surnaturels. .... l'on prend l'exemple de Superman, Clark Kent n'est-il pas tout aussi intéressant, ... plus émouvant, que son double aux pouvoirs extraordinaires ?

4 Vers l'essai

Sujet : La liberté de la presse est-elle sans limites ?

a. Faites des recherches, puis rédigez un paragraphe avec argument, explication, exemples et conclusion.

b. Surlignez les connecteurs logiques et soulignez les exemples.

....

....

....

....

....

....

....

....

....

....

....

....

....

....

....

....

....

....

....

....

Atelier d'expression

Rédigez un paragraphe critiquant une chanson qui vous déplaît.

ORAL **Lisez à haute voix un paragraphe argumenté choisi dans votre manuel, puis commentez sa structure.**

35 Problématiser un sujet de dissertation

Découvrir

1

Monsieur et cher compatriote,
Nous venons, écrivains, peintres, sculpteurs, architectes, amateurs passionnés de la beauté jusqu'ici intacte de Paris, protester de toutes nos forces, de toute notre indignation, au nom du goût français méconnu, au nom de l'art et de l'histoire français menacés, contre l'érection, en plein cœur de notre capitale, de l'inutile et monstrueuse tour Eiffel, que la malignité publique, souvent empreinte de bon sens et d'esprit de justice, a déjà baptisée du nom de « tour de Babel ».

« Les artistes contre la tour Eiffel », pétition adressée à M. Alphand, directeur des travaux de la Ville de Paris, *Le Temps* (14 février 1887).

Repérer

a. **Ce texte est-il un éloge ou une critique de la tour Eiffel ? Surlignez et justifiez les preuves.**

....

....

....

b. **Déduisez l'objectif des auteurs de la pétition.**

....

....

....

Manipuler

Récrivez le texte en une courte phrase, allégée de toute trace de subjectivité.

....

....

....

Rédiger

***La presse a-t-elle pour seul rôle d'informer ?* Formulez les questions soulevées par ce sujet d'essai.**

....

....

....

Retenir

- Une **dissertation** est une **réflexion argumentée en plusieurs étapes** répondant à une **problématique**. Votre réflexion doit **progresser avec logique** et **s'appuyer sur des exemples littéraires**.
- Définir une **problématique**, c'est dégager les **enjeux essentiels** du sujet pour trouver le **fil conducteur** du développement et ouvrir des perspectives de réflexion.

Sujet

La scène d'exposition de la pièce étudiée n'a-t-elle qu'une fonction de présentation ?

mots-clés
n'a-t-elle que sous-entend d'autres fonctions

Fonction principale de la scène d'exposition

Présenter = exposer
→ personnages (noms, milieu, relations…)
→ décor, époque
→ intrigue
→ tonalité (comique, tragique…)

Autres fonctions de la scène d'exposition

→ séduire
→ faire réfléchir
→ émouvoir
→ déranger
→ …

Questions

La scène d'exposition a-t-elle pour unique rôle de présenter l'essentiel de l'intrigue, de guider le spectateur **ou bien** tisse-t-elle d'autres liens entre le dramaturge, le metteur en scène et le public ?

Problématique

Quelles sont toutes les fonctions d'une scène d'exposition ?

Pratiquer

2 **Complétez ces problématiques de dissertation.**

1. Les héros de tragédie, prisonniers de leur destin, sont-ils .... ou bien .... ?

2. Lit-on des romans seulement .... ou bien .... ?

3. Pour argumenter efficacement, vaut-il mieux .... ou bien .... ?

4. Le théâtre doit-il avant tout divertir ou bien .... ?

5. Expliquer un poème, est-ce .... ou bien .... ?

3 **Vers la dissertation**

Utilisez le sujet et le plan de chaque dissertation pour en dégager la problématique.

● **Sujet 1 :** Pourrait-on se passer des descriptions dans le roman ?
I. Certes, les descriptions peuvent sembler ennuyeuses et superflues par rapport aux actions.
II. Cependant, elles enrichissent la compréhension de l'intrigue et des personnages.
III. Elles ont surtout une fonction esthétique qui contribue au plaisir de la lecture.

Problématique : ....
....
....

● **Sujet 2 :** Pensez-vous que tout puisse se transformer en poésie ?
I. Les sujets d'inspiration des poètes sont très variés, voire illimités.
II. Mais la poésie ne serait pas dans le sujet, plutôt dans le regard que le poète porte sur lui.
III. En effet, avant d'exprimer un engagement ou des sentiments, la poésie est un objet artistique.

Problématique : ....
....
....

4 **Vers la dissertation**

a. Dégagez les problématiques induites par ces citations.

1. *[O]n sait bien que les comédies ne sont faites que pour être jouées* (Molière).

....
....
....

2. *La poésie n'est qu'un objet de luxe* (Rivarol).

....
....

3. *Longtemps j'ai pris ma plume pour une épée ; à présent je connais notre impuissance* (Sartre).

....
....

4. *Cette histoire est vraie puisque je l'ai inventée* (Vian).

....
....
....
....
....

b. Justifiez précisément votre choix de problématique pour la citation de Molière.

....
....
....
....
....
....

Atelier d'expression

Dans *Le Mariage de Figaro* de Beaumarchais, Figaro s'exclame : *Je me presse de rire de tout, de peur d'être obligé d'en pleurer.* **Pensez-vous que le comique soit le masque de nos malheurs ?**
Analysez ce sujet et formulez-en la problématique.

ORAL **En groupe, choisissez des citations célèbres, en relation avec vos quatre objets d'étude. Lisez à tour de rôle une citation, et tirez-en une problématique.**

36 Construire un plan

Découvrir

1 Les forêts [...], les noms expressifs des villes Fougères et Rennes (Rennes veut dire aussi fougère), les eaux grises de la Mayenne et de la Vilaine, tout annonce la rude contrée.
C'est par là, toutefois, que nous voulons commencer l'étude de la France. L'aînée de la monarchie, la province celtique[1], mérite le premier regard. De là nous descendrons aux vieux rivaux des Celtes, aux Basques ou Ibères[2], non moins obstinés dans leurs montagnes que le Celte dans ses landes et ses marais. Nous pourrons passer ensuite aux pays mêlés par la conquête romaine et germanique. Nous aurons étudié la géographie dans l'ordre chronologique, et voyagé à la fois dans l'espace et dans le temps.

Jules Michelet, *Histoire de France* (1833).

1. La Bretagne. 2. Peuples du sud-ouest de la France et d'Espagne.

Repérer

a. **Combien de parties l'ouvrage comporte-t-il ?**

....

b. **Surlignez les mots de liaison.**

Manipuler

Numérotez et intitulez chacune de ces parties.

....

....

....

....

Rédiger

Quels temps verbaux l'auteur emploie-t-il ? Pourquoi ?

....

....

....

....

....

....

....

....

Retenir

- **Plan** : réponse à la problématique
- **Construire** un plan : organiser ses idées de façon logique et progressive, en **2 ou 3 parties** divisées en 2 ou 3 sous-parties (paragraphes) :
- **partie** : défense d'une thèse ;
- **sous-partie** : argument (preuve à l'appui de la thèse) + exemples ;
- **progression** : du + évident au – évident

	Méthode	Plan
Commentaire	• **Énumérer** au brouillon les procédés stylistiques du texte • **Surligner** de la même couleur les procédés qui ont le même effet ou un thème commun, puis donner un titre à chaque partie • Dans chaque partie, **rassembler** les remarques et intituler les sous-parties	• **Ne pas séparer fond** (ce dont parle le texte) et **forme** (style) • Ne pas consacrer toute une sous-partie à un effet rhétorique (outil ≠ argument)
Dissertation ou essai	• **Énumérer** au brouillon les idées ou références en relation avec le sujet • **Rassembler** les idées allant dans le même sens (parties) • **Développer** ces idées avec des exemples tirés de l'œuvre étudiée et du parcours de textes associé (sous-parties de dissertation), ou des exemples tirés des textes proposés (sous-parties d'essai)	• **Plan dialectique** (réponse à une interrogation totale : *oui / non*) : I. thèse II. antithèse (réfutation nuancée) III. synthèse (compromis dépassant le problème posé) • **Plan analytique** ou **thématique** (réponse à une interrogation partielle ≠ *oui / non*) Chaque partie = un aspect du sujet

Pratiquer

2 Vers la dissertation

1. Dans quelle mesure peut-on qualifier *Le Rouge et le Noir* de Stendhal de roman initiatique ?
2. Quel est le rôle de la description dans *Illusions perdues* de Balzac ?
3. *Les Fables* de La Fontaine sont-elles uniquement destinées à instruire le lecteur ?
4. Pour quelles raisons peut-on affirmer que *Claude Gueux* de Victor Hugo est un roman à thèse ?

a. Surlignez le sujet qui peut-être traité par un plan dialectique.

b. Intitulez les parties du plan répondant à ce sujet.

I. ....

II. ....

III. ....

....

3 Vers le commentaire

Prends cette rose aimable comme **toi,**
Qui **sers** de rose aux roses les plus belles,
Qui **sers** de fleur aux fleurs les plus nouvelles,
Dont la senteur me ravit tout de moi.

Prends cette rose, et ensemble **reçois**
Dedans **ton** sein mon cœur qui n'a point d'ailes :
Il est constant, et *cent plaies cruelles*
N'ont empêché qu'il ne gardât sa foi.

La rose et moi différons d'une chose :
Un soleil voit naître et mourir la rose,
Mille Soleils ont vu naître m'amour[1],

Dont l'action jamais ne se repose.
Que plût à Dieu que telle amour enclose[2],
Comme une fleur, ne m'eût duré qu'un jour.

Pierre de Ronsard, *Les Amours* (1552), orthographe modernisée.

1. Mon amour. 2. Enfermée.

Adresse à la femme aimée
Champ lexical des sentiments
Hyperbole exprimant la souffrance
Emploi de la 1re personne du singulier

Sur la base des relevés, proposez le plan d'une partie sur le lyrisme de ce sonnet.

I. ....

....

1. ....

....

2. ....

....

3. ....

....

4 Vers la dissertation

Sujet : *Le Misanthrope* de Molière : une véritable comédie ?

Arguments :

- Le mariage attendu des deux personnages principaux non réalisé.
- Comique de caractère dans la scène des portraits menée par Célimène.
- Personnage principal, Alceste : peu comique.
- Célimène : personnage sympathique, mais seule au dénouement.
- Vocabulaire parfois trivial : « bon à mettre au cabinet » (I, 2).

À partir de ces arguments, donnez le plan détaillé de la dissertation.

I. ....

....

1. ....

2. ....

3. ....

II. ....

1. ....

2. ....

3. ....

....

Atelier d'expression

La satire au service de la morale ; l'émergence du modèle de l'honnête homme ; une scène comique. Remettez dans l'ordre les trois parties de cette explication d'une scène de Molière, puis formulez en une seule phrase l'annonce du plan d'analyse du texte.

ORAL **Débattez sur la question suivante :** *La poésie sert-elle à exprimer des sentiments ?* **Chacun défendra sa thèse à l'aide d'arguments présentés de façon progressive (du plus au moins évident).**

37 Introduire et conclure

Découvrir

1

On fait apprendre les fables de La Fontaine à tous les enfants, et il n'y en a pas un seul qui les entende[1] ; quand ils les entendraient ce serait encore pis ; car la morale en est tellement mêlée et si disproportionnée à leur âge qu'elle les porterait plus au vice qu'à la vertu. Ce sont encore là, direz-vous, des paradoxes ; soit : mais voyons si ce sont des vérités.

Jean-Jacques Rousseau, *Émile ou De l'éducation* (1762).

1. Comprenne.

Repérer

a. Soulignez le champ lexical de la morale. Est-il étonnant ?

....

....

b. Quel est le mode verbal de la dernière proposition ? À quelle étape d'argumentation avons-nous affaire ?

....

....

Manipuler

a. Quel est le pronom de la proposition en gras ? Récrivez-la en employant un pronom personnel équivalent.

....

....

b. Surlignez les expressions impliquant le lecteur. Récrivez-les à l'aide de verbes plus précis.

....

Rédiger

Récrivez le texte en faisant l'éloge des fables.

....

....

....

....

....

....

....

....

....

Retenir

Étapes stratégiques, l'introduction et la conclusion doivent être rédigées au brouillon, surtout pour des travaux comme le **commentaire**, la **dissertation** ou l'**essai**.

Sujet : Partagez-vous le point de vue de Rousseau sur *Les Fables* de La Fontaine ?

Exemple	Étape
	INTRODUCTION (4 étapes)
Les fables, tout comme les contes, font partie des premières œuvres littéraires de notre culture.	**1** **Amorce** : entrée en matière préparant le sujet.
Rousseau s'est intéressé à ces deux genres qu'il ne trouve pas adaptés au monde de l'enfance.	**2** **Présentation du sujet traité ou du texte** à commenter.
Dans son traité Émile, le philosophe énonce son point de vue : « La morale [...] les porterait plus au vice qu'à la vertu. »	**3** **Exposé de la problématique** (question déduite de l'analyse du sujet).
Voyons si cette thèse peut être réfutée.	**4** **Annonce du plan.**
	CONCLUSION (2 étapes)
Rousseau démontre donc que la moralité des Fables de La Fontaine est ambiguë : souvent, les enfants prennent le parti des animaux les plus forts, qui ne sont pas forcément les plus vertueux.	**1** **Bilan** : réponse synthétique à la problématique.
Malgré leur simplicité, Les Fables ne sont pas toujours adaptées aux enfants pour lesquels les contes sont peut-être plus judicieux.	**2** **Ouverture** : élargissement du débat.

Pratiquer

2 Vers le commentaire

Anne, par jeu, me jeta de la neige,
Que je cuidais[1] froide certainement ;
Mais c'était feu ; l'expérience en ai-je,
Car embrasé je fus soudainement.
Puisque le feu loge secrètement
Dedans la neige, où trouverai-je place
Pour n'ardre[2] point ? Anne, ta seule grâce
Éteindre peut le feu que je sens bien,
Non point par eau, par neige ni par glace,
Mais par sentir un feu pareil au mien.

Clément Marot, « D'Anne qui lui jeta de la neige » (1532), orthographe modernisée.

1. Croyais. 2. Ne point brûler.

a. Relevez l'allitération du vers 1. Quels termes associe-t-elle et dans quel but ?

....

....

b. Soulignez le champ lexical dominant. Que met-il en évidence ?

....

....

c. Quels procédés rapprochent le poète de sa destinataire ?

....

....

d. Déduisez de ces relevés les titres de parties et la problématique du commentaire.

1. ....
2. ....
3. ....

Problématique : ....

....

e. Complétez cette introduction.

Au XVIe siècle, avant les poètes de La Pléiade, Clément Marot modernise la poésie en pratiquant les formes brèves, tel un dizain dédié à une certaine Anne en 1532. ....

....

....

....

....

3 Vers la dissertation

Voici l'introduction d'une dissertation sur *L'École des femmes*.

Depuis l'Antiquité, la comédie fait la satire des mœurs et des traditions. Au XVIIe siècle, Molière s'empare de ce genre théâtral pour se moquer de ses contemporains. Ainsi, dans L'École des femmes, représentée en 1662, il s'interroge sur l'éducation des femmes en montrant qu'elles ne sont pas les sottes qu'on voit en elles. Cette pièce peut-elle être considérée comme un plaidoyer féministe ? Dans un premier temps, nous montrerons qu'elle dénonce l'autorité patriarcale ; nous verrons ensuite comment elle reconsidère les jugements réducteurs sur les femmes.

a. Distinguez par des barres démarcatives les étapes de l'introduction.

b. Reformulez la problématique en utilisant une interrogative indirecte.

....

....

....

....

c. Substituez aux connecteurs logiques surlignés d'autres termes pour annoncer les parties du développement.

....

....

d. Complétez cette conclusion en élargissant le débat.

Finalement, cette pièce ridiculise de façon comique le vieux barbon Arnolphe ....

....

....

....

....

....

....

....

....

Atelier d'expression

Rédigez un article sur un sujet d'actualité, en soignant l'introduction et la conclusion.

ORAL Présentez un livre qui vous a plu et concluez en donnant envie de le lire.

38 Effectuer des transitions

Découvrir

1 « Je croirais [...] rendre un vrai service à ma fille, en lui donnant ce Livre le jour de son mariage. » Si toutes les mères de famille en pensent ainsi, je me féliciterai éternellement de l'avoir publié.
Mais, en partant encore de cette supposition favorable, il me semble toujours que ce Recueil doit plaire à peu de monde. Les hommes et les femmes dépravés auront intérêt à décrier un Ouvrage qui peut leur nuire [...].

Pierre Choderlos de Laclos, préface des *Liaisons dangereuses* (1782).

Repérer

a. Quel mot invariable oppose deux catégories de lecteurs ? Quels GN les désignent ?

....

....

b. À quel groupe de lecteurs les adverbes surlignés renvoient-ils ?

....

....

c. En quoi la phrase soulignée assure-t-elle une transition ?

....

....

....

....

Manipuler

Dans la phrase soulignée, l'auteur emploie la première personne du singulier, interdite dans les travaux de type bac (sauf dans l'essai). Récrivez cette transition de façon à la rendre plus objective.

....

....

....

Rédiger

Reformulez le passage souligné en une courte phrase objective affirmant sa fonction de transition.

....

....

....

Retenir

Soigner la rédaction des **transitions** entre les parties d'un développement permet de souligner la rigueur de votre propos, en faisant la **synthèse** de la partie terminée et en établissant la **relation logique** avec la partie (le paragraphe) suivante.

Ex. (commentaire)
Nous avons donc vu que ce poème est puissamment lyrique **[partie 1]**, *mais ce sont ses aspects pathétiques qui vont maintenant être étudiés* **[partie 2]**.

Ex. (dissertation)
Ainsi, la portée de ce roman engagé est universelle **[partie 1]**, *ce qui n'exclut pas des moments d'intimisme que nous allons analyser* **[partie 2]**.

Ex. (essai)
Certes, le thème des textes est politique **[§ 1]**, *mais une question sociale les anime* **[§ 2]**.

Phrase-paragraphe avec alinéa, déclarative ou interrogative
Récapitulation
Concession
Opposition entre parties
Annonce de la partie suivante

Partie : ensemble de paragraphes (ou sous-parties) sur une même thèse (grande idée défendue).

Pratiquer

2

Jeune on conserve pour sa vieillesse ; vieux on épargne pour la mort. L'héritier prodigue[1] paye de superbes funérailles, et dévore le reste.

L'avare dépense plus mort en un seul jour, qu'il ne faisait vivant en dix années ; et son héritier plus en dix mois, qu'il n'a su faire lui-même en toute sa vie.

Jean de La Bruyère, *Les Caractères* (1688).

1. Dépensier.

a. Résumez chaque caractère.

....

....

....

....

b. Quel lien logique les relie ?

....

....

....

....

c. Reliez les deux textes par une courte transition.

....

....

3 Vers la dissertation

Œuvre : *Candide* de Voltaire.
Sujet : Dans quelle mesure ce conte philosophique annonce-t-il le genre du roman d'éducation ?
Plan :
I. Un récit de découverte du monde
1. Chapitres = différentes facettes du monde
2. Progression = tour du monde
3. Narration = rencontres révélant la marche du monde
II. Un récit d'éducation de Candide
1. Une succession de péripéties
2. Une succession d'initiateurs
3. Une leçon finale

a. Résumez chaque partie en une phrase.

I : ....

....

....

II : ....

....

....

b. Rédigez la transition entre les parties I et II.

....

....

....

....

c. Ajoutez une troisième partie : donnez son titre, puis rédigez la transition entre II et III.

III. ....

II → III : ....

....

....

....

....

4 Vers le commentaire

Sur le haut d'une vieille tour
Un serpent déchire un vautour,
Le feu brûle dedans la glace,
Le soleil est devenu noir,
Je vois la lune qui va choir,
Cet arbre est sorti de sa place.

Théophile de Viau, « Un corbeau devant moi croasse » (1621).

Plan du commentaire :
I. Le désordre étonnant du monde
II. Des images d'apocalypse
III. Le poète, un témoin inquiet

Rédigez les deux transitions.

I → II : ....

....

....

....

II → III : ....

....

....

Atelier d'expression

Rédigez deux paragraphes opposant deux positions sur un thème d'actualité. Reliez-les par une phrase de transition destinée à calmer la polémique.

ORAL **Organisez un débat sur un thème abordé dans une œuvre étudiée en cours. Confiez à un arbitre le soin d'intervenir au moins trois fois grâce à de courtes transitions, assurant le respect du sujet et la sérénité des échanges.**

39 Articuler

Se préparer

1

> Et la mer et l'amour ont l'amer pour partage,
> Et la mer est amère, et l'amour est amer,
> L'on s'abîme[1] en l'amour aussi bien qu'en la mer,
> Car la mer et l'amour ne sont point sans orage.
>
> Pierre de Marbeuf, *Recueil de vers*, orthographe modernisée (1628).
>
> 1. Sombre.

Repérer

a. **Quelle comparaison ce quatrain met-il en place ? Précisez le comparé, le comparant et leurs points communs.**

....

....

....

b. **Relevez des connecteurs qui structurent cette strophe : quel rythme est ainsi créé ?**

....

....

....

....

c. **Quels jeux sur les sonorités observez-vous ?**

....

....

....

Mettre en bouche

a. **Des paronymes sont des mots aux sonorités si proches qu'on pourrait les confondre. Quels sont ceux de ce poème ?**

....

b. **Trouvez un paronyme au mot *partage*, puis au nom *orage*.**

....

Lire à voix haute

Prolongez ce poème en filant la métaphore de l'orage dans deux alexandrins. Lisez-les à voix haute.

....

....

....

Retenir

Quand on s'exprime **à l'oral**, il est nécessaire de bien articuler pour être écouté et compris.

Conseils	Méthode	Exercices
Soignez votre posture	• Tenez-vous **droit**, les épaules en arrière. • Respirez **calmement**. • Regardez vos **interlocuteurs** en vous détachant de vos notes.	
Améliorez votre diction	• Respectez la **ponctuation**, en marquant bien les pauses et l'intonation. • Articulez chaque mot en **détachant** toutes les syllabes, surtout pour la lecture d'un texte littéraire. • Prononcez les **liaisons**. • Adaptez le **débit** et le **volume** de votre discours.	*Quoi ! Tu n'as rien dit ? Mais enfin… Pourquoi ?* *C'est une his-toire a-bra-ca-da-bran-tesque.* *De fausses‿accusations ; j'ai beaucoup‿appris.* *Il a clamé son innocence et bredouillé des excuses.*
Évitez les erreurs de prononciation	• Utilisez un **dictionnaire** pour vérifier la prononciation de certains mots. • Distinguez les *é* et *o* ouverts ou fermés.	• *Gageure* [gaʒyʀ] : prononcez le *u* car le *e* est muet. • *Sens* [sɑ̃s] : prononcez le *s* final ; la préposition *sans* se prononce [sɑ̃]. • *Pugnacité* [pygnasite] : séparez bien le *g* du *n*. • Futur *saurai* : prononcez [sore] ≠ conditionnel présent *saurais* : [sorɛ]. • *Sol* : *o* ouvert ≠ *saule* (arbre) : *o* fermé.
Entraînez-vous	• Comme un comédien, exercez-vous en mordant un stylo ou un bouchon.	

Pratiquer

2 Lecture expressive

Don Diègue
Ô rage ! ô désespoir ! ô vieillesse ennemie !
N'ai-je donc tant vécu que pour cette infamie ?
Et ne suis-je blanchi dans les travaux guerriers,
Que pour voir en un jour flétrir tant de lauriers ?
Mon bras qu'avec respect toute l'Espagne admire,
Mon bras, qui tant de fois a sauvé cet empire,
Tant de fois affermi le trône de son roi,
Trahit donc ma querelle, et ne fait rien pour moi ?

Pierre Corneille, *Le Cid*, I, 4 (1637).

a. Quel vers est utilisé ? Soulignez les *e* muets et précisez pourquoi ils doivent être prononcés.

....

....

....

b. Quels types de phrase dominent ? Comment faut-il les lire ?

....

....

....

....

c. Surlignez les répétitions : quel rythme est ainsi créé ?

....

....

....

....

d. En lisant à voix haute, comment différencieriez-vous les mots répétés ?

....

....

....

....

....

....

....

....

....

....

3 L'explication de texte

« Taisez-vous, assez, assez, dit-elle en le voyant prêt à parler, vous n'avez ni cœur, ni âme, ni délicatesse. Je sais ce que vous voulez me dire. Eh bien, oui. J'aime mieux passer à vos yeux pour une femme froide, insensible, sans dévouement, sans cœur même, que de passer aux yeux du monde pour une femme ordinaire […] »
Ces paroles représentent imparfaitement celles que fredonna la duchesse avec la vive prolixité d'une serinette[1]. Certes, elle put parler longtemps, le pauvre Armand n'opposait pour toute réponse à ce torrent de notes flûtées qu'un silence plein de sentiments horribles.

Honoré de Balzac, *La Duchesse de Langeais* (1839).

1. Petit orgue mécanique.

a. Comment la duchesse s'impose-t-elle face à son interlocuteur ?

....

....

b. En quoi ce discours justifie-t-il la comparaison soulignée ?

....

....

....

c. Dans la dernière phrase, quelle figure de style caractérise la parole de la duchesse ? Justifiez-la.

....

....

d. Lisez la phrase entre guillemets, en distinguant par le ton la voix du narrateur et celle de la duchesse.

e. Commentez la façon dont s'exprime la duchesse.

....

....

....

....

....

....

....

....

Atelier d'expression

Pour parler intelligiblement, il faut… **Poursuivez cette phrase en formulant des conseils pour améliorer sa diction.**

ORAL **Sélectionnez une scène à plusieurs voix, et lisez-la en articulant au mieux et en distinguant bien les personnages qui s'expriment (accentuation, rythme…).**

40 S'inspirer de l'art oratoire antique

Découvrir

1

Assurez-vous par l'exorde la bienveillance, l'attention, l'intérêt des auditeurs. Exposez le fait en peu de mots, et d'une manière assez plausible, assez claire, pour que l'intelligence en soit à l'instant saisie. Établissez solidement vos preuves ; détruisez celles de votre adversaire : le tout, sans confusion, et à l'aide d'une argumentation de détail qui fasse sortir de chaque principe toutes ses conséquences. Vous finirez par une péroraison qui, suivant les besoins de la cause, puisse enflammer ou calmer les esprits.

Cicéron, *L'Orateur* (Ier siècle av. J.-C.), traduction Nisard (1840).

Repérer

a. Selon Cicéron, de combien d'étapes se compose le discours ? Quelles sont-elles ?

....

....

....

....

....

b. Surlignez les mots du champ lexical du raisonnement.

Manipuler

Remplacez *exorde* et *péroraison* par des synonymes.

....

Rédiger

Quels éléments retrouve-t-on aujourd'hui dans les exercices du bac ?

....

....

....

....

....

....

....

....

....

....

....

Retenir

La **rhétorique** (judiciaire, politique…) remonte à l'Antiquité, berceau de l'art du discours.

Théoriciens	• **Aristote** (philosophe grec, IVe siècle av. J.-C.). • **Cicéron** et **Quintilien** (orateurs romains, Ier siècle av. J.-C.)
Définitions	• **Rhétorique** : art de convaincre et persuader son auditeur. • **Éloquence** : art de s'exprimer élégamment afin de toucher son auditeur. • **Orateur** : personne prononçant un discours en public.
Types de discours	• **Judiciaire** : accuser ou défendre une personne lors d'un procès. • **Délibératif** : débattre d'une question avant de décider. • **Épidictique** : louer ou blâmer une personne, un groupe (éloge funèbre…).
Objectifs	• **Instruire** (*docere*), **plaire** (*placere*), **émouvoir** (*movere*).
Plan d'un discours	• **Exorde** : introduction captant la bienveillance de l'auditeur (*captatio benevolentiæ*). • **Narration** : récit des événements. • **Argumentation** : exposé d'arguments et réfutation des arguments adverses. • **Péroraison** : conclusion, bilan + appel aux sentiments (pitié et indignation).
Mise en œuvre	• ***Inventio*** : recherche des idées, des sujets à traiter. • ***Dispositio*** : structuration du propos. • ***Elocutio*** : travail du style, de la clarté, du rythme. • ***Actio*** : accompagnement gestuel. • ***Memoria*** : mémorisation de ce qui a été préparé.
Postérité	• Influence sur les **systèmes scolaires** européens. • Techniques narratives et corporelles étudiées par les chercheurs en **communication**.

Pratiquer

2 **Regardez la vidéo d'un discours du général de Gaulle à l'Albert-Hall en 1942, sur le site de l'Ina.**

a. De quel type de discours s'agit-il ?

....

....

....

b. Repérez trois gestes et interprétez-les.

....

....

....

....

....

....

....

3 **Vers le commentaire**

Avant tout, Athéniens, je demande à tous les dieux, à toutes les déesses, que mon zèle constant pour la République et pour chacun de vous se trouve égalé par votre bienveillance envers moi dans ce débat ; ensuite, et ce vœu intéresse hautement votre religion, votre gloire, puissent-ils vous persuader de consulter […] les lois et votre serment ! Là, parmi tant de justes promesses, il est écrit : écouter également les deux parties ; c'est-à-dire, non seulement n'avoir rien préjugé, accorder à toutes deux faveur égale, mais encore laisser à chaque combattant le plan et le genre de défense qu'a choisis sa volonté. […] Être dépouillé de tout est chose triste et cruelle, surtout dépouillé par un ennemi : mais perdre votre bienveillance, votre affection, est un malheur d'autant plus grand que cette possession est plus précieuse. Puisque tels sont les gages du combat, je crois juste, je vous supplie tous d'entendre ma défense avec l'impartialité prescrite par ces lois qu'a jadis portées Solon[1] dans son amour pour vous, pour la démocratie […].

Démosthène, *Sur la couronne*, traduction Stiévenart (1843).

1. Législateur athénien à l'origine de la démocratie.

a. De quelle partie du discours s'agit-il ? Expliquez.

....

....

....

....

b. Quelle métaphore est employée dans le texte pour désigner le procès ?

....

....

....

....

....

c. Quels gestes imaginez-vous pour accompagner la première phrase de ce discours ?

....

....

....

....

d. Comment Démosthène tente-t-il d'attendrir ses juges ?

....

....

....

....

....

....

....

....

....

....

....

....

e. Entraînez-vous à lire cet extrait à voix haute en insistant sur les moments les plus énergiques.

Atelier d'expression

Rédigez une série de conseils à un candidat à un entretien d'embauche en vous inspirant des principes de la rhétorique antique.

ORAL **Un homme, jouant à la balle, la lance un peu fort. Elle tombe sur un barbier en train de raser un client. Sous le choc, le client est égorgé.**
Préparez ce procès avec un camarade : l'un défendra le barbier, l'autre le joueur.

41 Être capable d'argumenter

Découvrir

1

Si une catastrophe subite anéantissait tous les monuments de la civilisation moderne et qu'il ne restât de chaque nation de l'Europe qu'un journal, nous osons dire qu'il suffirait de parcourir du regard ces lambeaux de papier, d'en comparer le format, les caractères, et d'en déchiffrer quelques lignes pour avoir une idée assez juste du degré de civilisation politique et par conséquent de liberté auquel chacune de ces nations serait parvenue au moment où elle aurait été effacée de la terre.

Lucien-Anatole Prévost-Paradol, « De la Presse en Angleterre et en France », *Revue des Deux Mondes* (1858).

Repérer

a. **Quel événement l'auteur envisage-t-il ? Quel mode verbal emploie-t-il pour en tirer les conséquences ?**

....

....

....

....

b. **En vous appuyant sur l'élément souligné, demandez-vous si l'auteur fait appel à la logique ou aux sentiments.**

....

Manipuler

Proposez deux synonymes de *monuments* à l'aide du contexte.

....

Rédiger

Résumez l'argument en une phrase.

....

....

....

....

....

Retenir

L'**argumentation** développe l'**esprit critique** afin d'entraîner l'**adhésion** du lecteur, de l'auditeur.

	Démontrer / convaincre	Persuader	Délibérer
Types d'arguments (cumulables)	• Appel à la **logique** et à la **raison** : - données scientifiques - faits objectifs, prouvés	• Appel au **jugement** : subjectivité, sentiments (peur, pitié, rire, révolte…)	• Appel au **dialogue** : arguments confrontés avant décision
Genres	• **Essai** : réflexion fondée sur l'expérience • **Discours** : art oratoire	• **Plaidoyer** : discours valorisant des qualités (éloge) • **Réquisitoire** : discours dénonçant des défauts • **Pamphlet** : texte violemment polémique	• **Débat**, discussion : entre interlocuteurs • **Monologue délibératif** : débat de conscience (**dilemme** si choix fatal)
Types de raisonnement	• **Déduction** : du général au particulier • **Induction** : du particulier au général	• **Analogie** : volonté de séduire en comparant • **Concession subtile** : flatterie	• **Concession** : thèse prise en compte mais réfutée • **Dialectique** : thèse-antithèse-synthèse
Énonciation	• *Je* (didactique) • *Nous* (généralisation) • Tours impersonnels : *Il semble que, il faut…*	• *Je* (subjectif) + *vous* • Impératifs • Questions rhétoriques • Apostrophes	• Marques de l'énonciation : *je, nous / tu, vous* • Questions / réponses
Outils	• **Connecteurs logiques** : *ainsi, alors, donc…* • **Mots abstraits** : *vérité, bonheur, égalité…* • **Exemples concrets**	• **Connotations du vocabulaire** : mélioratif, péjoratif • **Modalisateurs** : *bien sûr, peut-être…* • **Figures d'amplification** : hyperboles, gradations…	• **Modalisateurs** : adverbes *certes… mais* ; adjectifs *envisageable, probable…* • **Figures d'opposition** : antithèses, parallélismes…

Pratiquer

2 **Complétez.**

Arguments	Stratégies argumentatives	Preuves
J'hésite à offrir à cet ami une biographie ou bien un roman fantastique.		« Ou bien » + antithèse : « biographie » ≠ « fantastique ».
L'homme change ; d'ailleurs, l'univers entier est en perpétuel mouvement.		
Le film qui a eu la Palme d'Or à Cannes est vraiment magnifique.		Adjectif mélioratif + superlatif : « vraiment magnifique ».
Rabelais et Voltaire expliquaient déjà les vertus d'une bonne hygiène de vie.		

3 Vers l'essai

a. **Pour chaque thème, proposez une thèse et une antithèse.**

1. **Bonheur**

Thèse : ....

Antithèse : ....

2. **Beauté**

Thèse : ....

Antithèse : ....

3. **Vérité**

Thèse : ....

Antithèse : ....

4. **Lecture**

Thèse : ....

Antithèse : ....

b. **Pour le thème de la vérité, formulez une synthèse (moyen de dépasser la contradiction).**

....

....

4

Le luxe, en général, et beaucoup du soi-disant bien-être, non seulement ne sont pas indispensables, mais sont un obstacle positif à l'ascension de l'espèce humaine. Au regard du luxe et du bien-être, les sages ont de tous temps mené une vie plus simple et plus frugale que les pauvres. Les anciens philosophes, chinois, hindous, persans et grecs, représentent une classe que pas une n'égala en pauvreté pour ce qui est des richesses extérieures, ni en richesse pour ce qui est des richesses intérieures.

Henry David Thoreau, *Walden ou la vie dans les bois* (traduction Fabulet, 1922).

a. **Surlignez les sujets. Sont-ils objectifs ou subjectifs ?**

....

....

....

b. **Quel CC renforce le caractère objectif du premier nom ?**

....

....

c. **Quelle corrélation permet de définir le thème du texte ? À quelle stratégie argumentative le rattache-t-elle ?**

....

....

d. **Récrivez la première phrase en la rendant subjective et persuasive.**

....

....

....

....

....

Atelier d'expression

Dois-je profiter à fond de ma jeunesse et m'amuser, ou dois-je préparer mon avenir en travaillant d'arrache-pied ? **Rédigez un monologue délibératif tentant à la fois de convaincre et de persuader le lecteur.**

ORAL *Le Printemps des Poètes est une excellente façon de familiariser les élèves de Seconde à la poésie.* **Argumentez à deux devant vos camarades, l'un cherchant avant tout à convaincre, l'autre à persuader.**

42 Valoriser sa culture

Découvrir

1

Le plus beau reste de l'antiquité romaine, c'est sans doute le Panthéon ; ce temple a si peu souffert qu'il nous apparaît comme aux Romains. [...] Je crois n'avoir jamais rencontré d'être absolument sans émotion à la vue du Panthéon. Ce temple célèbre a donc quelque chose qui ne se trouve ni dans les fresques de Michel-Ange, ni dans les statues du Capitole... [...] Après le premier moment de respect, lorsque vous voudrez vous occuper des détails de ce temple admirable, vous remarquerez le long du mur circulaire quatorze colonnes cannelées[1] ; les bases et les chapiteaux[2] sont de marbre blanc et appartiennent à l'ordre corinthien[3].

Stendhal, *Promenades dans Rome* (1829).

1. Striées. 2. Hauts de colonne. 3. Consistant à orner le chapiteau de feuilles sculptées.

Repérer

a. **Soulignez les mots techniques de l'architecture.**

b. **Surlignez quatre périphrases désignant le Panthéon.**

Manipuler

a. **Remplacez le nom *colonnes* de la dernière phrase par un terme plus précis.**

....

b. **Remplacez l'adjectif *corinthien* par un autre, correspondant à un style antique différent.**

....

Rédiger

Récrivez les deux premières phrases de Stendhal en évoquant un monument qui vous tient particulièrement à cœur.

....

....

....

....

....

....

....

Retenir

Les années de lycée sont propices aux **découvertes culturelles** et aux possibilités d'exercer son **esprit critique**.

Dissertation, essai ou commentaire sont également valorisés par une culture étendue.

Objectifs	Consignes	Exemples
Découvrir	• **Lire** des œuvres littéraires, la presse • **Aller** au cinéma, au théâtre • **Visiter** des musées, expositions • **Assister** à des conférences • **Se documenter** sur Internet	Expositions virtuelles sur le site de la Bibliothèque nationale de France (BNF) : www.bnf.fr
Classer	• **Répertorier** ses activités dans un carnet illustré organisé en rubriques (lectures, tableaux, spectacles, voyages...) • **Référencer** les œuvres : artiste, auteur, titre, date, technique, lieu	Édouard Manet, *Le Déjeuner sur l'herbe* (1863), huile sur toile, 207 x 265 cm, Paris, musée d'Orsay.
Comparer	• **Confronter** les œuvres par mouvement, thème... • **Mettre en évidence** des points communs, des différences	Marivaux, *L'Île des esclaves* et Beaumarchais, *Le Mariage de Figaro* = comédies du XVIIIe siècle remettant en cause les relations maîtres-valets
Nommer	• **Utiliser un vocabulaire précis** pour décrire les œuvres • **Identifier** précisément les techniques et matériaux employés	• **Peinture** : clair-obscur, fresque, modelé, perspective... • **Sculpture** : bas-relief, ronde-bosse, piédestal... • **Cinéma et photographie** : cadre, plan, plongée, contre-plongée...
Juger	• **Lire** des critiques dans la presse • **Argumenter** (perception, sentiments, comparaison...)	• Presse culturelle : *Le Magazine littéraire, Connaissance des arts, Les Inrockuptibles...* • Adjectifs critiques : *atypique, convaincant, somptueux, touchant...*

Pratiquer

2 **Trouvez un exemple d'œuvre répondant aux critères demandés. Faites des recherches si nécessaire.**

1. Un film de la nouvelle vague : ....

....

2. Une comédie classique : ....

....

3. Un monument néoclassique : ....

....

4. Un tableau impressionniste : ....

....

5. Une statue baroque : ....

....

6. Un ballet romantique : ....

7. Une tragédie grecque : ....

3 **Décrivez le tableau ci-dessous en employant des termes d'analyse précis.**

a. Quelle est la technique employée ?

....

b. De quel genre pictural s'agit-il ?

....

c. Commentez l'utilisation des couleurs sur cette toile.

....

....

d. Ce tableau vous plaît-il ? Pourquoi ?

....

....

....

Vincent van Gogh (1853-90), *Les Tournesols*, 1888 (huile sur toile ; 91 x 72 cm). Munich, Neue Pinakothek.

4 **Vers le commentaire**

Heureux qui, comme Ulysse, a fait un beau voyage,
Ou comme celui-là qui conquit la toison,
Et puis est retourné, plein d'usage[1] et raison,
Vivre entre ses parents le reste de son âge !

Quand reverrai-je, hélas, de mon petit village
Fumer la cheminée, et en quelle saison
Reverrai-je le clos de ma pauvre maison,
Qui m'est une province, et beaucoup davantage ?

Plus me plaît le séjour qu'ont bâti mes aïeux,
Que des palais Romains le front audacieux,
Plus que le marbre dur me plaît l'ardoise fine :

Plus mon Loire gaulois, que le Tibre latin,
Plus mon petit Liré[2], que le mont Palatin,
Et plus que l'air marin la douceur angevine[3].

Joachim du Bellay, *Les Regrets* (1558), orthographe modernisée.

1. Expérience. 2. Village d'origine de l'auteur. 3. D'Anjou, région autour d'Angers.

a. De quel genre de poème s'agit-il ? Quelle est la tonalité dominante ?

....

b. Qui sont les personnages évoqués dans les vers 1 et 2 ?

....

....

....

....

c. Que sont le Tibre et le Palatin ?

....

....

d. Comment le poète utilise-t-il ces références culturelles ?

....

....

....

....

....

....

....

....

Atelier d'expression

À partir de vos recherches pour l'exercice 4, rédigez une introduction du poème de Du Bellay, accompagnée de notes explicatives du texte et d'une illustration légendée.

ORAL **Présentez à votre classe un spectacle ou un film vu récemment. Donnez votre avis argumenté sur l'intrigue, la mise en scène et le jeu des acteurs.**

Les classes grammaticales

Mots invariables

CLASSES	DÉFINITIONS	EXEMPLES
Préposition	Introduit des mots ou groupes de mots (nominaux ou verbaux).	*à, avec, chez, dans, de, en, grâce à, par, pour, près de, sans, sous, sur, vers…*
Adverbe	Précise le sens d'un verbe, d'un autre adverbe, d'un adjectif ou de l'ensemble de la phrase.	*assez, cependant, d'abord, hier, jamais, non, oui, plus, toujours, très, trop, vite…* + adverbes de manière en *-ment*
Conjonction de coordination	Relie logiquement deux propositions ou deux éléments de phrase.	*mais, ou, et, donc, or, ni, car*
Conjonction de subordination	Introduit une proposition subordonnée : - circonstancielle, - complétive, - interrogative indirecte.	 *bien que, comme, lorsque, parce que…* *que* *si*
Interjection	Indique le sentiment du locuteur, dans une phrase souvent exclamative.	*Ah ! Bah ! Eh ! Hélas ! Oh !…*

Mots variables

CLASSES	DÉFINITIONS	EXEMPLES
Verbe	Exprime une action, une pensée, un état.	1er groupe : *expliquer, jouer, vouer…* 2e groupe : *adoucir, finir, punir…* 3e groupe : *croire, écrire, prendre…* Verbes d'état : *devenir, être…*
Nom commun et nom propre	Désigne un objet, une abstraction, un être vivant, un lieu.	*aliment, commentaire, esprit…* *Balzac, Espagne, Lyon…*
Pronom : - personnel - possessif - démonstratif - indéfini - relatif - interrogatif - adverbial	Remplace un nom dont il occupe la même fonction grammaticale.	 *je, moi, tu, il/elle(s), eux, se, on, soi, le/la, les, nous, vous…* *le(la) mien(ne)… le(la)* vôtre / *leur…* *celui, celle-ci, cela, ceux-là…* *aucun(e), chacun(e), quelqu'un(e), rien…* *qui, que, quoi, dont, où, lequel, lesquelles…* *qui, que, lequel, laquelle…* *y, en*
Adjectif qualificatif	Caractérise un nom avec lequel il s'accorde en genre et en nombre.	*agréable, célèbre, grand, mauvais, symbolique, vert…*
Déterminant : - article défini - article indéfini - article partitif - possessif - démonstratif - indéfini - interrogatif / exclamatif - numéral cardinal - numéral ordinal	Introduit un nom dans un groupe nominal, s'accorde avec lui en genre et en nombre.	 *le, la, les* *un, une, des* *du, de la* + nom indénombrable (*pain, volonté…*) *mon, ma, mes, ton, sa, ses, notre, vos, leur…* *ce, cet, cette, ces* *chaque, certains, plusieurs, quelque…* *quel, quelle, quels…* *un, deux, trois…cent, deux cents… mille…* *premier, deuxième, troisième…*

Les fonctions grammaticales

	FONCTIONS GRAMMATICALES	EXEMPLES
Sujet	● Régit le verbe. → Accord verbe-sujet : - en personne, - en nombre, - en genre (participe passé). ● Inversion du sujet : interrogations, propositions incises, après certains adverbes.	*La neige est tombée à Noël.* *Arrosez-vous ces plantes ?* *Cueillez la rose, dit le poète.* *Sans doute pleuvra-t-il.*
Attribut du sujet	● Identifie ou caractérise le sujet grâce au : - verbe d'état (*être*, *paraître*…), - verbe attributif (*se révéler*, *revenir*…). ● Classe : nom, pronom, adjectif, infinitif avec ou sans préposition, subordonnée.	*Ce parc est splendide, il en revient émerveillé.* *Creuser une allée semble une solution.* *L'essentiel est que l'harmonie soit de rigueur.*
Complément d'agent	● Remplace le sujet, à la voix passive. ● Attention : *par* + complément d'agent ≠ *par* + CC de manière ou de lieu.	*La terrasse est recouverte par des planches.* *La terrasse est par endroits recouverte par des planches.*
Complément d'objet (COD, COI, COS)	● Accompagne un verbe transitif : - direct : COD, - indirect (verbe + préposition *à*, *de*) : COI. ● Verbe doublement transitif : verbe + COD + COS.	*Ce champ donne une belle moisson.* (COD) *Les engrais nuisent à la nature.* (COI) *Il offre des fraises à sa sœur.* (COS)
Attribut du COD	● Appartient au groupe verbal. ● Identifie ou caractérise le COD. ● Attention : attribut du COD ≠ épithète : → Preuve : remplacement du COD par un pronom.	*Je trouve ce fruit délicieux.* *Je le trouve délicieux.* (adjectif non supprimable) ≠ *Elle déguste ce fruit [délicieux].* (épithète supprimable)
Complément circonstanciel (CC)	● Complément de phrase. ● Sens : lieu, temps, moyen, manière, condition, opposition, cause, conséquence, concession, but. ● Classe : - GN prépositionnel, - gérondif, - subordonnée conjonctive, - adverbe…	*À l'ouest de la ville on aménage un parc.* *On jardine en sifflotant.* *Alors qu'il pleut, il continue à jardiner.* *Longtemps je n'ai rien arrosé.*
Complément du nom	● Sens : appartenance, matière, fonction, cause… ● Classe : GN, pronom, infinitif, subordonnée conjonctive introduite par *que*, adverbe… ● Construction indirecte ou directe.	*Une haie de vivaces.* *C'est un arbre de Judée.* *Je fréquente le square Camus.*
Épithète	● Classe : adjectif (qualificatif, verbal), participe passé employé comme adjectif. ● Épithète liée ≠ épithète détachée (entre virgules).	*Les bassins entretenus sont beaux.* (Seuls les bassins entretenus…) *Les bassins, entretenus, sont beaux.* (Tous les bassins, parce qu'ils sont entretenus… : nuance circonstancielle.)
Apposition	● GN séparé du nom par une virgule.	*Espace rempli d'arbustes divers, la serre embaume.*

! Complément du nom, épithète et apposition sont des **expansions du nom**.

Les conjugaisons

Être

INDICATIF		CONDITIONNEL	
PRÉSENT	**PASSÉ COMPOSÉ**	**PRÉSENT**	**PASSÉ**
je suis tu es il est nous sommes vous êtes ils sont	j'ai été tu as été il a été nous avons été vous avez été ils ont été	je serais tu serais il serait nous serions vous seriez ils seraient	j'aurais été tu aurais été il aurait été nous aurions été vous auriez été ils auraient été
IMPARFAIT	**PLUS-QUE-PARFAIT**	**SUBJONCTIF**	
		PRÉSENT	**PASSÉ**
j'étais tu étais il était nous étions vous étiez ils étaient	j'avais été tu avais été il avait été nous avions été vous aviez été ils avaient été	que je sois que tu sois qu'il soit que nous soyons que vous soyez qu'ils soient	que j'aie été que tu aies été qu'il ait été que nous ayons été que vous ayez été qu'ils aient été
PASSÉ SIMPLE	**PASSÉ ANTÉRIEUR**	**IMPARFAIT**	**PLUS-QUE-PARFAIT**
je fus tu fus il fut nous fûmes vous fûtes ils furent	j'eus été tu eus été il eut été nous eûmes été vous eûtes été ils eurent été	que je fusse que tu fusses qu'il fût que nous fussions que vous fussiez qu'ils fussent	que j'eusse été que tu eusses été qu'il eût été que nous eussions été que vous eussiez été qu'ils eussent été
FUTUR SIMPLE	**FUTUR ANTÉRIEUR**	**IMPÉRATIF**	
		PRÉSENT	**PASSÉ**
je serai tu seras il sera nous serons vous serez ils seront	j'aurai été tu auras été il aura été nous aurons été vous aurez été ils auront été	sois soyons soyez	aie été ayons été ayez été
INFINITIF		**PARTICIPE**	
PRÉSENT	**PASSÉ**	**PRÉSENT**	**PASSÉ**
être	avoir été	étant	ayant été

Avoir

INDICATIF		CONDITIONNEL	
PRÉSENT	**PASSÉ COMPOSÉ**	**PRÉSENT**	**PASSÉ**
j'ai tu as il a nous avons vous avez ils ont	j'ai eu tu as eu il a eu nous avons eu vous avez eu ils ont eu	j'aurais tu aurais il aurait nous aurions vous auriez ils auraient	j'aurais eu t'aurais eu il aurait eu nous aurions eu vous auriez eu ils auraient eu
IMPARFAIT	**PLUS-QUE-PARFAIT**	**SUBJONCTIF**	
		PRÉSENT	**PASSÉ**
j'avais tu avais il avait nous avions vous aviez ils avaient	j'avais eu tu avais eu il avait eu nous avions eu vous aviez eu ils avaient eu	que j'aie que tu aies qu'il ait que nous ayons que vous ayez qu'ils aient	que j'aie eu que tu aies eu qu'il ait eu que nous ayons eu que vous ayez eu qu'ils aient eu
PASSÉ SIMPLE	**PASSÉ ANTÉRIEUR**	**IMPARFAIT**	**PLUS-QUE-PARFAIT**
j'eus tu eus il eut nous eûmes vous eûtes ils eurent	j'eus eu tu eus eu il eut eu nous eûmes eu vous eûtes eu ils eurent eu	que j'eusse que tu eusses qu'il eût que nous eussions que vous eussiez qu'ils eussent	que j'eusse eu que tu eusses eu qu'il eût eu que nous eussions eu que vous eussiez eu qu'ils eussent eu
FUTUR SIMPLE	**FUTUR ANTÉRIEUR**	**IMPÉRATIF**	
		PRÉSENT	**PASSÉ**
j'aurai tu auras il aura nous aurons vous aurez ils auront	j'aurai eu tu auras eu il aura eu nous aurons eu vous aurez eu ils auront eu	aie ayons ayez	aie eu ayons eu ayez eu
INFINITIF		**PARTICIPE**	
PRÉSENT	**PASSÉ**	**PRÉSENT**	**PASSÉ**
avoir	avoir eu	ayant	ayant eu

Aimer (1er groupe)

INDICATIF		CONDITIONNEL	
PRÉSENT	**PASSÉ COMPOSÉ**	**PRÉSENT**	**PASSÉ**
j'aime tu aimes il aime nous aimons vous aimez ils aiment	j'ai aimé tu as aimé il a aimé nous avons aimé vous avez aimé ils ont aimé	j'aimerais tu aimerais il aimerait nous aimerions vous aimeriez ils aimeraient	j'aurais aimé tu aurais aimé il aurait aimé nous aurions aimé vous auriez aimé ils auraient aimé
IMPARFAIT	**PLUS-QUE-PARFAIT**	**SUBJONCTIF**	
		PRÉSENT	**PASSÉ**
j'aimais tu aimais il aimait nous aimions vous aimiez ils aimaient	j'avais aimé tu avais aimé il avait aimé nous avions aimé vous aviez aimé ils avaient aimé	que j'aime que tu aimes qu'il aime que nous aimions que vous aimiez qu'ils aiment	que j'aie aimé que tu aies aimé qu'il ait aimé que nous ayons aimé que vous ayez aimé qu'ils aient aimé
PASSÉ SIMPLE	**PASSÉ ANTÉRIEUR**	**IMPARFAIT**	**PLUS-QUE-PARFAIT**
j'aimai tu aimas il aima nous aimâmes vous aimâtes ils aimèrent	j'eus aimé tu eus aimé il eut aimé nous eûmes aimé vous eûtes aimé ils eurent aimé	que j'aimasse que tu aimasses qu'il aimât que nous aimassions que vous aimassiez qu'ils aimassent	que j'eusse aimé que tu eusses aimé qu'il eût aimé que nous eussions aimé que vous eussiez aimé qu'ils eussent aimé
FUTUR SIMPLE	**FUTUR ANTÉRIEUR**	**IMPÉRATIF**	
		PRÉSENT	**PASSÉ**
j'aimerai tu aimeras il aimera nous aimerons vous aimerez ils aimeront	j'aurai aimé tu auras aimé il aura aimé nous aurons aimé vous aurez aimé ils auront aimé	aime aimons aimez	aie aimé ayons aimé ayez aimé
INFINITIF		**PARTICIPE**	
PRÉSENT	**PASSÉ**	**PRÉSENT**	**PASSÉ**
aimer	avoir aimé	aimant	ayant aimé

Finir (2e groupe)

INDICATIF		CONDITIONNEL	
PRÉSENT	**PASSÉ COMPOSÉ**	**PRÉSENT**	**PASSÉ**
je finis tu finis il finit nous finissons vous finissez ils finissent	j'ai fini tu as fini il a fini nous avons fini vous avez fini ils ont fini	je finirais tu finirais il finirait nous finirions vous finiriez ils finiraient	j'aurais fini tu aurais fini il aurait fini nous aurions fini vous auriez fini ils auraient fini
IMPARFAIT	**PLUS-QUE-PARFAIT**	**SUBJONCTIF**	
		PRÉSENT	**PASSÉ**
je finissais tu finissais il finissait nous finissions vous finissiez ils finissaient	j'avais fini tu avais fini il avait fini nous avions fini vous aviez fini ils avaient fini	que je finisse que tu finisses qu'il finisse que nous finissions que vous finissiez qu'ils finissent	que j'aie fini que tu aies fini qu'il ait fini que nous ayons fini que vous ayez fini qu'ils aient fini
PASSÉ SIMPLE	**PASSÉ ANTÉRIEUR**	**IMPARFAIT**	**PLUS-QUE-PARFAIT**
je finis tu finis il finit nous finîmes vous finîtes ils finirent	j'eus fini tu eus fini il eut fini nous eûmes fini vous eûtes fini ils eurent fini	que je finisse que tu finisses qu'il finît que nous finissions que vous finissiez qu'ils finissent	que j'eusse fini que tu eusses fini qu'il eût fini que nous eussions fini que vous eussiez fini qu'ils eussent fini
FUTUR SIMPLE	**FUTUR ANTÉRIEUR**	**IMPÉRATIF**	
		PRÉSENT	**PASSÉ**
je finirai tu finiras il finira nous finirons vous finirez ils finiront	j'aurai fini tu auras fini il aura fini nous aurons fini vous aurez fini ils auront fini	finis finissons finissez	aie fini ayons fini ayez fini
INFINITIF		**PARTICIPE**	
PRÉSENT	**PASSÉ**	**PRÉSENT**	**PASSÉ**
finir	avoir fini	finissant	ayant fini

Les conjugaisons

Aller (3e groupe)

INDICATIF		CONDITIONNEL	
PRÉSENT	PASSÉ COMPOSÉ	PRÉSENT	PASSÉ
je vais tu vas il va nous allons vous allez ils vont	je suis allé(e) tu es allé(e) il (elle) est allé(e) nous sommes allé(e)s vous êtes allé(e)s ils (elles) sont allé(e)s	j'irais tu irais il irait nous irions vous iriez ils iraient	je serais allé(e) tu serais allé(e) il (elle) serait allé(e) nous serions allé(e)s vous seriez allé(e)s ils (elles) seraient allé(e)s
IMPARFAIT	PLUS-QUE-PARFAIT	SUBJONCTIF	
		PRÉSENT	PASSÉ
j'allais tu allais il allait nous allions vous alliez ils allaient	j'étais allé(e) tu étais allé(e) il (elle) était allé(e) nous étions allé(e)s vous étiez allé(e)s ils (elles) étaient allé(e)s	que j'aille que tu ailles qu'il aille que nous allions que vous alliez qu'ils aillent	que je sois allé(e) que tu sois allé(e) qu'il (elle) soit allé(e) que nous soyons allé(e)s que vous soyez allé(e)s qu'ils (elles) soient allé(e)s
PASSÉ SIMPLE	PASSÉ ANTÉRIEUR	IMPARFAIT	PLUS-QUE-PARFAIT
J'allai tu allais il alla nous allâmes vous allâtes ils allèrent	je fus allé(e) tu fus allé(e) il (elle) fut allé(e) nous fûmes allé(e)s vous fûtes allé(e)s ils (elles) furent allé(e)s	que j'allasse que tu allasses qu'il allât que nous allassions que vous allassiez qu'ils allassent	que je fusse allé(e) que tu fusses allé(e) qu'il (elle) fût allé(e) que nous fussions allé(e)s que vous fussiez allé(e)s qu'ils (elles) fussent allé(e)s
FUTUR SIMPLE	FUTUR ANTÉRIEUR	IMPÉRATIF	
		PRÉSENT	PASSÉ
j'irai tu iras il ira nous irons vous irez ils iront	je serai allé(e) tu seras allé(e) il (elle) sera allé(e) nous serons allé(e)s vous serez allé(e)s ils (elles) seront allé(e)s	va allons allez	sois allé(e) soyons allé(e)s soyez allé(e)s
INFINITIF		PARTICIPE	
PRÉSENT	PASSÉ	PRÉSENT	PASSÉ
aller	être allé	allant	être allé

Faire (3e groupe)

INDICATIF		CONDITIONNEL	
PRÉSENT	PASSÉ COMPOSÉ	PRÉSENT	PASSÉ
je fais tu fais il fait nous faisons vous faites ils font	j'ai fait tu as fait il a fait nous avons fait vous avez fait ils ont fait	je ferais tu ferais il ferait nous ferions vous feriez ils feraient	j'aurais fait tu aurais fait il aurait fait nous aurions fait vous auriez fait ils auraient fait
IMPARFAIT	PLUS-QUE-PARFAIT	SUBJONCTIF	
		PRÉSENT	PASSÉ
je faisais tu faisais il faisait nous faisions vous faisiez ils faisaient	j'avais fait tu avais fait il avait fait nous avions fait vous aviez fait ils avaient fait	que je fasse que tu fasses qu'il fasse que nous fassions que vous fassiez qu'ils fassent	que j'aie fait que tu aies fait qu'il ait fait que nous ayons fait que vous ayez fait qu'ils aient fait
PASSÉ SIMPLE	PASSÉ ANTÉRIEUR	IMPARFAIT	PLUS-QUE-PARFAIT
je fis tu fis il fit nous fîmes vous fîtes ils firent	j'eus fait tu eus fait il eut fait nous eûmes fait vous eûtes fait ils eurent fait	que je fisse que tu fisses qu'il fît que nous fissions que vous fissiez qu'ils fissent	que j'eusse fait que tu eusses fait qu'il eût fait que nous eussions fait que vous eussiez fait qu'ils eussent fait
FUTUR SIMPLE	FUTUR ANTÉRIEUR	IMPÉRATIF	
		PRÉSENT	PASSÉ
je ferai tu feras il fera nous ferons vous ferez ils feront	j'aurai fait tu auras fait il aura fait nous aurons fait vous aurez fait ils auront fait	fais faisons faites	aie fait ayons fait ayez fait
INFINITIF		PARTICIPE	
PRÉSENT	PASSÉ	PRÉSENT	PASSÉ
faire	avoir fait	faisant	ayant fait

Dire (3e groupe)

INDICATIF		CONDITIONNEL	
PRÉSENT	PASSÉ COMPOSÉ	PRÉSENT	PASSÉ
je dis tu dis il dit nous disons vous dites ils disent	j'ai dit tu as dit il a dit nous avons dit vous avez dit ils ont dit	je dirais tu dirais il dirait nous dirions vous diriez ils diraient	j'aurais dit tu aurais dit il aurait dit nous aurions dit vous auriez dit ils auraient dit
IMPARFAIT	PLUS-QUE-PARFAIT	SUBJONCTIF	
		PRÉSENT	PASSÉ
je disais tu disais il disait nous disions vous disiez ils disaient	j'avais dit tu avais dit il avait dit nous avions dit vous aviez dit ils avaient dit	que je dise que tu dises qu'il dise que nous disions que vous disiez qu'ils disent	que j'aie dit que tu aies dit qu'il ait dit que nous ayons dit que vous ayez dit qu'ils aient dit
PASSÉ SIMPLE	PASSÉ ANTÉRIEUR	IMPARFAIT	PLUS-QUE-PARFAIT
je dis tu dis il dit nous dîmes vous dîtes ils dirent	j'eus dit tu eus dit il eut dit nous eûmes dit vous eûtes dit ils eurent dit	que je disse que tu disses qu'il dît que nous dissions que vous dissiez qu'ils dissent	que j'eusse dit que tu eusses dit qu'il eût dit que nous eussions dit que vous eussiez dit qu'ils eussent dit
FUTUR SIMPLE	FUTUR ANTÉRIEUR	IMPÉRATIF	
		PRÉSENT	PASSÉ
je dirai tu diras il dira nous dirons vous direz ils diront	j'aurai dit tu auras dit il aura dit nous aurons dit vous aurez dit ils auront dit	dis disons dites	aie dit ayons dit ayez dit
INFINITIF		PARTICIPE	
PRÉSENT	PASSÉ	PRÉSENT	PASSÉ
dire	avoir dit	disant	ayant dit

Prendre (3e groupe)

INDICATIF		CONDITIONNEL	
PRÉSENT	PASSÉ COMPOSÉ	PRÉSENT	PASSÉ
je prends tu prends il prend nous prenons vous prenez ils prennent	j'ai pris tu as pris il a pris nous avons pris vous avez pris ils ont pris	je prendrais tu prendrais il prendrait nous prendrions vous prendriez ils prendraient	j'aurais pris tu aurais pris il aurait pris nous aurions pris vous auriez pris ils auraient pris
IMPARFAIT	PLUS-QUE-PARFAIT	SUBJONCTIF	
		PRÉSENT	PASSÉ
je prenais tu prenais il prenait nous prenions vous preniez ils prenaient	j'avais pris tu avais pris il avait pris nous avions pris vous aviez pris ils avaient pris	que je prenne que tu prennes qu'il prenne que nous prenions que vous preniez qu'ils prennent	que j'aie pris que tu aies pris qu'il ait pris que nous ayons pris que vous ayez pris qu'ils aient pris
PASSÉ SIMPLE	PASSÉ ANTÉRIEUR	IMPARFAIT	PLUS-QUE-PARFAIT
je pris tu pris il prit nous prîmes vous prîtes ils prirent	j'eus pris tu eus pris il eut pris nous eûmes pris vous eûtes pris ils eurent pris	que je prisse que tu prisses qu'il prît que nous prissions que vous prissiez qu'ils prissent	que j'eusse pris que tu eusses pris qu'il eût pris que nous eussions pris que vous eussiez pris qu'ils eussent pris
FUTUR SIMPLE	FUTUR ANTÉRIEUR	IMPÉRATIF	
		PRÉSENT	PASSÉ
je prendrai tu prendras il prendra nous prendrons vous prendrez ils prendront	j'aurai pris tu auras pris il aura pris nous aurons pris vous aurez pris ils auront pris	prends prenons prenez	aie pris ayons pris ayez pris
INFINITIF		PARTICIPE	
PRÉSENT	PASSÉ	PRÉSENT	PASSÉ
prendre	avoir pris	prenant	ayant pris

Le roman et le récit du XVIIIe siècle au XXIe siècle

Le récit rassemble tous les genres narratifs (narrateur, intrigue, personnages plus ou moins caractérisés, cadre spatio-temporel longuement planté).

RÉCIT

Choix d'écriture

Point de vue

omniscient • interne • externe

Description

portrait physique • portrait moral • cadre spatio-temporel de l'action

Paroles rapportées

discours direct • discours indirect • discours indirect libre • discours narrativisé

Genres

Premières formes romanesques

Roman de chevalerie (en vers puis en prose), **héritier de l'épopée** (modèle antique) **et de la chanson de geste** (modèle médiéval)

• Mots-clés

héroïsme • valeurs • aventures • merveilleux

• Mes exemples

....

....

Roman

Long récit fictif en prose

• Mots-clés

personnages • apprentissage • récit autobiographique • fiction historique • épistolaire • action • description

• Mes exemples

....

....

Nouvelle

Récit bref

• Mots-clés

action et cadre resserrés • peu de personnages • chute surprenante

• Mes exemples

....

....

Conte

Récit mouvementé en vers ou en prose

• Mots-clés

univers merveilleux • moralité • personnage stéréotypé

• Mes exemples

....

....

Autobiographie

Récit de vie à la 1re personne (narrateur = personnage = auteur)

• Mots-clés

mémoires • journal intime • correspondance

• Mes exemples

....

....

Organisation

Schéma narratif

situation initiale • élément perturbateur • péripéties • élément de résolution • situation finale

Rythme

ellipse • pause • scène • sommaire

Chronologie

respect de l'ordre chronologique • prolepse (anticipation) • analepse (retour en arrière)

La littérature d'idées et la presse, du XIXe siècle au XXIe siècle

Cet objet d'étude regroupe l'ensemble des genres à visée argumentative (du latin *argumentum*, preuve). L'argumentation est directe (idées explicites : articles, essais) ou indirecte (message moral développé dans une fiction : fables, contes, romans à thèse).

PRESSE et LITTÉRATURE D'IDÉES

Argumentation directe

Article

Du latin *artus*, articulation (anatomique) : structure essentielle.
Texte court en lien avec l'actualité

• Mots-clés
presse • journalisme • information • investigation • ligne éditoriale

• Mes exemples
....

Essai

Du latin *exagium*, fait de peser, donnant le français *essayer* : engagement personnel.
Traitement personnel d'un thème

• Mots-clés
développement • thèse • arguments • exemples • expérience • observation

• Mes exemples
....

Discours

Du latin *discurro*, courir çà et là, parler longuement : développement et liberté de parole.
Prise de parole en public

• Mots-clés
engagement • développement • exorde (introduction) • thèse • arguments • péroraison (conclusion) • intonation • gestuelle • polémique

• Mes exemples
....

Argumentation indirecte

Roman à thèse

Fiction axée sur une vision du monde

• Mots-clés
personnages prétextes • idéologie • morale explicite • politique

• Mes exemples
....

Fable et Conte

Court récit en vers ou en prose délivrant une morale implicite ou explicite

• Mots-clés
personnages stéréotypés • plaire et instruire • apologue • morale

• Mes exemples
....

Le théâtre du XVIIe siècle au XXIe siècle

Le théâtre (du grec *théatron*, « lieu d'où l'on regarde ») est à la fois un texte (lu) et un spectacle (joué). Une périphrase le désigne : l'art dramatique (du grec *drama*, « action »).

THÉÂTRE

Genres

Comédie

rire + critique + personnages ordinaires

- Mes exemples

……………………………………………………

……………………………………………………

……………………………………………………

Tragédie

terreur + pitié + destin fatal + personnages nobles

- Mes exemples

……………………………………………………

……………………………………………………

……………………………………………………

Drame

sujet tragique + personnages mêlés (petit peuple, noblesse…) + refus des règles classiques

- Mes exemples

……………………………………………………

……………………………………………………

……………………………………………………

Intrigue

1. exposition 2. nœud 3. coup de théâtre 4. dénouement

- Mes exemples

……………………………………………………

……………………………………………………

Texte

- **Répliques**

dialogue • monologue • tirade • stichomythies

- Mes exemples

……………………………………………………

……………………………………………………

- **Didascalies**

Indications de mise en scène : décor, lumière, gestuelle, ton, mouvements…

Représentation

- double énonciation • aparté • quiproquo
- théâtre dans le théâtre
- quatrième mur (mur imaginaire : les spectateurs voient et écoutent ce qui se passe sur scène)

La poésie du Moyen-Âge au XVIIIe siècle

Un poème (du grec *poïeïn* : fabriquer, créer) est un texte attentif au langage dans son rythme, ses sonorités et ses images.
Rarement isolé, il est plutôt publié en recueil.

POÉSIE

Versification

Rythme

Traditionnel : césure à l'hémistiche
Moderne : enjambement • rejet • contre-rejet • anaphores • rythme binaire/ternaire • énumérations en gradation

• Mes exemples

....
....

Strophe

Ensemble de vers organisés en rimes :
distique (2 vers) • tercet (3 vers) • quatrain (4 vers) • quintil (5 vers) • sizain (6 vers)

Vers

Mètre (nombre de syllabes) :
hexasyllabe (6) • octosyllabe (8) • décasyllabe (10) • alexandrin (12)
Vers libre : sans structure régulière (ni mètre, ni rimes, ni strophes)

Rimes

Féminines : mots se terminant par un *e* muet
Masculines : toutes les autres
Disposition : suivies (AABB) • croisées (ABAB) • embrassées (ABBA)
Qualité : pauvres (1 son commun) • suffisantes (2) • riches (3 ou +)

• Mes exemples

....
....

Sonorités

Allitération : répétition d'un son consonne
Assonance : répétition d'un son voyelle
Harmonie imitative : répétition reproduisant un son réel
Paronomase : rapprochement de mots aux sons proches

• Mes exemples

....
....

Formes fixes

Sonnet

Importé en France au XVIe siècle
14 vers : 2 **quatrains** + 2 **tercets**

• Mes exemples

....
....

Ballade

3 strophes + 4^e moins longue (envoi : adresse au destinataire)
Refrain en fin de strophe

• Mes exemples

....
....

Lai

Long poème **narratif**
Rimes suivies, octosyllabes

• Mes exemples

....
....

Ode

Poème lyrique d'éloge adressé à un destinataire précis

• Mes exemples

....
....

Rondeau

3 strophes avec **répétition de vers**

• Mes exemples

....
....

Les figures de rhétorique

Également appelées **figures de style**, elles embellissent le langage en jouant sur des rapports de ressemblance, de substitution… en **littérature**, dans des **textes utilitaires** (articles de presse, slogans…) et dans des **expressions quotidiennes**.

	DÉFINITION	EXEMPLES
Figures d'analogie (rapport de similitude entre deux éléments distincts)		
La comparaison	rapprochement par un outil de comparaison	*Cet enfant est sage comme une image.*
La métaphore	analogie sans outil de comparaison	*Cet ours m'a enfin adressé la parole !*
La métaphore filée	métaphore développée dans une strophe, un chapitre…	*La Bête humaine* : titre d'un roman de Zola = métaphore filée de la violence de l'homme.
La personnification	assimilation d'un être inanimé ou d'un animal à un être humain	*Le soleil se lève à l'est.*
L'allégorie	figuration concrète d'une abstraction	*Marianne* pour *la République française.*
La prosopopée	parole donnée à un être imaginaire, abstrait ou absent	*Débat de Folie et d'Amour* de Louise Labé : pièce poétique où dialoguent la déesse de la folie et le dieu de l'amour.
Figures d'opposition (rapprochement de termes de sens opposés)		
L'antithèse	opposition dans une phrase, une strophe...	*Ce séjour, c'est le jour et la nuit avec mes dernières vacances.*
L'oxymore	association de deux termes contradictoires dans un même groupe nominal ou groupe verbal	*La Petite Apocalypse*, titre d'un film de Costa-Gavras.
Figures d'atténuation (idée ou sentiment rendus moins violents)		
L'euphémisme	expression adoucissant une idée brutale	*Il nous a quittés.* (= *Il est mort.*)
La litote	tournure exprimant le moins pour sous-entendre le plus	*C'est pas mal !* (= *C'est très bien !*)
Figures d'amplification (accentuation d'une idée)		
L'hyperbole	emploi frappant de mots plus expressifs	*Tes remarques me tuent.*
La gradation	enchaînement marquant de termes de sens croissant	*Cette mise en scène est enthousiasmante, épatante, et même passionnante !*
L'hypotypose	description d'une scène de manière si frappante qu'on croit la vivre	Le défilé des enfants au travail au début de « Melancholia » de Hugo.
Figures de substitution (remplacement d'un terme par un autre)		
La métonymie	substitution par un autre mot associé logiquement (contenant pour contenu, cause pour conséquence...)	*Elle n'a bu qu'un verre.*
La synecdoque	substitution par un mot associé dans un rapport d'inclusion (partie pour tout, matière pour objet…)	*Ce village compte trois cents foyers.*
La périphrase	expression plus longue qui évoque au lieu de nommer	*La capitale des Gaules* pour *Lyon.*
Figures de construction (accentuation d'un propos au moyen d'une répétition)		
L'énumération	succession de termes de même nature	*Il a invité et Noé, et Samir, et Zacharie, et Paul… bref tous ses amis.*
L'anaphore	reprise en tête de phrases ou de vers consécutifs d'un mot ou expression	*Je veux […] / Toujours aimer, toujours souffrir, toujours mourir.* (Corneille)
Le parallélisme	suite de deux énoncés à la même syntaxe	*Ne l'acceptons jamais, ne le tolérons jamais !*
Le chiasme	construction en ABBA qui aligne deux fois deux éléments répétés ou synonymes	*Aimable chanson, comptine plaisante.*
La parataxe	énumération de propositions juxtaposées	*Il le poursuit, le course, le rattrape, l'invective, le menace.*

Achevé d'imprimer en Italie par L.E.G.O. S.p.A. Lavis (TN) - Dépôt légal : 05479-0/02 - Août 2019